Zschocher

Wie du dein Schreibaby beruhigst

ANDREA ZSCHOCHER ist freie Journalistin in Berlin und schreibt unter anderem für diverse Elternmagazine. Ihr Herzensprojekt ist der erfolgreiche Blog »Runzelfüßchen«. Hier schreibt sie über Themen, die Familien bewegen, und über ihr Leben mit drei Kindern und die meist großartigen Seiten daran. Andrea reist gern durch die Welt, das vielleicht Einzige in ihrem Leben, das sich trotz der Kinder nicht geändert hat. Die müssen jetzt nämlich einfach mitkommen.

Für die eine große und die drei kleinen großen Lieben in meinem Leben!

Andrea Zschocher

Wie du dein Schreibaby beruhigst

Die besten Tipps und Strategien für zufriedene Babys und gelassene Eltern

Inhalt

Du bist nicht allein! 6

Schreibaby – das solltest du wissen 11
Mythen und Wahrheiten 15

Auf die Welt kommen 33
Spontangeburt 33
Frühgeburt 38
Kaiserschnitt 40
Woche zwei: Das Schreien nimmt zu 42
Depressive Verstimmungen 44

Was brauchen Babys und ihre Familien? 49
Tragen schenkt Geborgenheit 52
Alles Mögliche ausprobieren – mit viel Geduld 55
Nähe, Nähe, Nähe 59
Brummen, Zischen und Massieren 63
Auch Mama hat Bedürfnisse 66
Auch Geschwister leiden unter dem Geschrei 69
Keiner versteht mich 71

Schlaf, Baby, schlaf! 79
Schlafentzug für alle 80

Ich schlafe nur auf dir! 85
Reizarme Umgebung 87
Reizarmes Zusammenleben 93
Wer ist schuld, dass das Baby so viel weint? 96
Bleibt das Schreien für immer? 98

Was brauchen Eltern? 107
Ich kann nicht mehr! 109
Verliert den Humor nicht! 112
Auszeiten? Dass ich nicht lache! 115
Zeit zu zweit 120
Gut gemeinte Tipps von Fremden 123

Über Tabus reden 129
Bin ich eine schlechte Mutter? 130
Anschreien, Ignorieren, Schütteln 132
Ich bin total verzweifelt! 138
So hatte ich mir das nicht vorgestellt! 142
Andere Familien haben es viel besser! 148
Ich fühle mich einsam 151

Ich brauche Hilfe 159
Seelische Unterstützung 160
Fachliche Unterstützung 164
Ein Netzwerk aufbauen 171

Nur Mut, du schaffst das! 176

Service 179
Adressen & Kontakte 179
Literaturempfehlungen 181
Danksagung 182
Stichwortverzeichnis 184

Du bist nicht allein!

»Entspannte Eltern haben entspannte Kinder« – es gibt kaum einen Satz, den ich so sehr hasse wie diesen. Weil er einfach nicht wahr ist. Ich war sowas von entspannt in den Schwangerschaften, während der Geburten, in der ersten Zeit mit meinen Kindern. Das hat nur alle drei leider nie davon abgehalten zu schreien. Stundenlang, ausdauernd, ans Herz und in den Kopf gehend. Wenn andere mir von ihren schönsten Erinnerungen an die Babyzeit erzählen, dann muss ich gestehen: Ich kann mich an vieles aus dem ersten Jahr mit Baby nicht erinnern. Weil da nur Geschrei war. Ich erinnere mich an meine Verzweiflung, an meine Versuche, meine Kinder zu beruhigen, an meine Angst, dass vielleicht *ich* der Grund dafür sein könnte, dass meine Babys so unstillbar schrien.

Als ich anfing, für dieses Buch zu recherchieren, und mit lauter Expertinnen aus verschiedenen Bereichen über Schreibabys sprach, hatte ich vor allem vor einer Sache Angst: Was, wenn rauskommt, dass ich mit meinen Kindern alles falsch gemacht habe? Was, wenn es den einen universell gültigen Knopf gibt, der meinen Kindern und mir die Monate des Leidens erspart hätte? Was, wenn ich merke, dass ich als Mutter versagt habe, weil ich mir schlicht keine Hilfe gesucht habe? Denn das schwirrt uns doch in den Köpfen rum, oder? Dass wir, wenn unsere Kinder so untröstlich weinen, irgendwie daran schuld sein müssen. Weil es nicht sein kann, dass Babys grundlos so ausdauernd schreien.

Aber ich sage es dir gleich an dieser Stelle: Du bist nicht schuld! Du machst nichts falsch! Im Buch wirst du ein wenig über Schreibabys, die ich als viel oder untröstlich weinende Babys bezeichne, erfahren. Im Fokus stehen aber die Fragen: Wie schaffst du es, diese Zeit zu überstehen? Wie gelingt es dir, ruhig zu bleiben und nicht aus Überforderung heraus dir oder deinem Kind etwas anzutun? Wie kannst du doch schöne Erinnerungen an die Babyzeit schaffen, von denen du zehren und erzählen kannst?

Es gibt nicht die eine Lösung für alle

Immer wieder wird behauptet, dass es Methoden gebe, die viel weinende Babys auf jeden Fall beruhigen könnten. Du musst nur, wird behauptet, dieses oder jenes machen und dann hört das Geschrei auf. Dass das nicht stimmen kann, war mir nicht erst nach den Interviews mit den Expertinnen klar, das habe ich nicht nur bei zahlreichen Hospitationen gesehen, bei denen ich Schreibabys und ihre Eltern begleiten durfte. Es wurde mir auch in den vielen, vielen Interviews bewusst, die ich für dieses Buch mit Eltern geführt habe, deren Kinder untröstlich weinten und sich nur schwer beruhigen ließen.

Es gibt zwar einige Tipps und Kniffe, die bei vielen Babys besonders gut funktionieren. Die kannst du natürlich als Allererstes ausprobieren. Sind sie nichts für dich und dein Kind, dann findest du in diesem Buch noch viele weitere Alternativen. Alles, worüber ich schreibe, wurde nicht nur von mir, sondern von ganz vielen Expertinnen und Eltern über Jahre ausprobiert. Und du pickst dir das heraus, was für dich und deine Familie passt.

So schloss sich für mich am Ende mit diesem Buch auch der Kreis. Ich habe erkannt, dass meine Versuche und Herangehensweisen das waren, was meine Kinder und ich gebraucht haben. Klar hätte ich mir an der einen oder anderen Stelle Hilfe von Experten gewünscht oder vielleicht auch nur die Möglichkeit, mal kurz nicht zuständig sein zu müssen. Aber im Großen und Ganzen habe ich auf meine Intuition vertraut und gemacht, was für mich, für uns stimmig war.

Nimm dieses Buch als Einladung zu schauen, was sich für dich gut anfühlt, was du ausprobieren möchtest. Bleib offen, aber lass dir keinen strengen Plan diktieren, der gegen deine eigene Überzeugung geht. Wichtig ist, dass du das Leben mit deinem Kind gestaltest. Außer dir kann niemand darüber bestimmen, was sich für dich richtig anfühlt. Es gibt keinen falschen Weg. Du machst es so gut, wie du kannst. Du bist für dein Baby da, gehst (oft genug) über deine Grenzen hinaus. Das ist eine unfassbare Stärke, die unglaublich viel Anerkennung verdient hat. Du bist eine Heldin! Dein Baby ist zu klein, um dir das klarzumachen, deswegen lass es dir von mir gesagt sein: Du bist großartig, du schaffst Unfassbares! Lass dir das nicht kleinreden, du bist unglaublich stark!

Du bist aber auch, und das ist etwas Gutes, mit deiner Hilflosigkeit, deiner Hoffnung nach Besserung und den vielen Durchhalteparolen nicht allein. Auch andere Eltern kennen das. Weil wir gemeinsam immer stärker sind, findest du in diesem Buch nicht nur das geballte Wissen unterschiedlicher Expertinnen, von der Kinderärztin über die Hebamme bis zur Physiotherapeutin, sondern auch jede Menge Elternstimmen. Du erfährst alles über verschiedene Beruhigungsversuche, liest von geglückten Einschlafmomenten, aber auch von purer Verzweiflung. Du findest jede Menge Erfahrungen, wie andere Eltern diese Schreizeit ihrer Kinder durchgestanden haben. Damit du immer weißt: Du bist nicht allein. Es gibt andere Eltern, die dich in deiner Verzweiflung verstehen. Es gibt auch andere Eltern, die diese Gedanken haben, die man sich nicht traut, laut auszusprechen.

Ich verstehe dich so gut und möchte mit diesem Buch deine Begleitung für die aufreibende Zeit in deinem Leben sein. Lies das Buch so, wie es dir guttut: Stürz dich auf das Kapitel, das dich besonders beschäftigt, oder lies es chronologisch. Mach es so, wie es für dich passt. Das gilt für das Lesen dieses Buches wie für die Gefühle, die du deinem Baby und dir selbst in dieser herausfordernden Zeit entgegenbringst. Alles ist erlaubt. Die guten Gedanken und die, die du niemals jemandem anvertrauen würdest. Es ist auch an der Zeit, darüber zu sprechen, wie angegriffen wir Eltern von der Schreibabyzeit sind.

Ich habe dieses Buch für Eltern geschrieben, für Mütter und Väter. Dennoch werde ich – wegen der einfacheren Lesbarkeit – oft die weibliche Form benutzen. Mir ist bewusst, dass es Kinderärzte und Schreibabyexperten gibt. Für dieses Buch gilt: Väter und Männer im Allgemeinen sollen sich von der weiblichen Schreibweise ausdrücklich auch angesprochen fühlen.

Eins noch: Den Begriff »Schreibaby« finde ich einerseits furchtbar, weil er sich so nach einem Stempel anhört. Ich hatte immer die Sorge, dass ich meine Kinder fürs Leben brandmarke, wenn ich von ihnen als Schreibabys spreche. Und ich frage mich, ob dieses viele Schreien im Babyalter Spätfolgen hat. Vergisst man vielleicht alles, was dieses Baby sonst noch ausmacht neben dem Schreien? Andererseits passt der Begriff aber doch wie die Faust aufs Auge, oder nicht? »Schreibaby« ist kurz und knackig und gibt genau wieder, was ist. Ein Schreibaby ist ein Baby, das schreit. Mehr können wir Eltern manchmal nicht sehen. Das ist nicht schön, aber so ist es.

Mein Buch soll dir durch alle Phasen helfen, die hellen und die dunklen, und dich daran erinnern: Du bist nicht allein!

Andrea Zschocher

Schreibaby – das solltest du wissen

Schreibaby, High Need Baby, Baby mit Regulationsstörung, viel weinendes Baby, unstillbares Weinen, schwer zu beruhigendes Baby, herausforderndes Baby – es gibt viele Arten, ein Schreibaby zu benennen. Bedeuten diese Begriffe alle das Gleiche? Und ist es wichtig und richtig, dass dein Kind überhaupt in eine solche Schublade gesteckt wird?

Zunächst einmal: Benenne es, wie du willst. Wenn du dich mit dem Begriff »Schreibaby« wohlfühlst, dann ist es das. Es ist auch der meist genutzte Begriff und jeder hat eine Vorstellung davon, worum es sich handelt.

BABYS MIT REGULATIONSSTÖRUNGEN müssen nicht zwangsweise Schreibabys sein, das Schreien kann aber ein Symptom einer Regulationsstörung sein. »Regulationsstörung« hört sich sehr medizinisch an und diese Diagnose wird tatsächlich oft von spezialisierten Kinderärztinnen gestellt. Sie kann dein Kind unter Umständen bis in die Schulzeit begleiten – kann, muss aber nicht! Viele Babys mit Regulationsstörungen lernen durch liebevolle Zuwendung, sich selbst besser zu regulieren, und benötigen im weiteren Verlauf keine medizinische Unterstützung mehr. Mehr darüber erfährst du im Kapitel »Regulationsstörungen« (Seite 25).

HIGH NEED BABY – der Begriff kommt aus dem US-amerikanischen Raum und wurde von Dr. William Sears geprägt. Er trifft allerdings auf Schreibabys nicht zu, auch wenn manchen Eltern dieser Begriff angenehmer erscheint. Dr. Susanne Hommel von der SchreibabySprechstunde Hamburg sieht den Begriff »High Need Baby« mit gemischten Gefühlen, weil er inhaltlich unklar und klinisch nicht belegt ist. Sie sagt: »High Need Babys gehören nicht in die Kategorie Schreibaby, denn diese Kinder haben häufig viel gravierendere Probleme. Schreien ist ein Regulations- und Reifungsthema. High Need Babys sind Kinder, die etwas mitbringen, das sie auch langfristig, aus Elternsicht, zu schwierigeren Babys macht. Vor allem was das Versorgen und Beruhigen angeht.« Der Unterschied zwischen einem High Need Baby und einem viel weinenden Baby liegt darin, dass Erstere nicht immer viel weinen. Sie haben starke Bedürfnisse, die aber nichts mit mangelnder Reife oder konkreten Ursachen zu tun haben. Während bei Schreibabys die intensiv fordernde Zeit nach einigen Monaten vorbei ist, zeigen High Need Babys auch im Kleinkindalter weiterhin sehr deutlich, was sie brauchen.

VIEL WEINENDES BABY – darunter können sich die meisten Erwachsenen nichts vorstellen, weil alle Babys mehr oder weniger viel weinen. Dass der Alltag für Eltern mit viel weinenden Babys über das normale Maß hinaus belastend sein kann, wird bei diesem Begriff nicht sofort klar. Dennoch hat er seine Berechtigung, weil er etwas liebevoller klingt als Schreibaby.

UNSTILLBAR WEINENDES BABY – darunter können sich alle etwas vorstellen. Nur fragen sich viele: Warum lässt es sich nicht trösten? Wieso hört es nicht auf zu weinen? Wo liegt der Fehler? Und schon wird die Schuldfrage gestellt. Das kann Eltern belasten.

HERAUSFORDERNDES BABY oder auch anstrengendes Baby – das trifft es für viele Eltern ganz sicher. Aber leider sind diese Begriffe negativ besetzt. Etwas Anstrengendes möchte eigentlich niemand haben. Und eine Herausforderung, na, der könnte man ja gewachsen sein. Und schon schwingt da wieder mit, dass Eltern schuld an der Situation sein könnten, wenn die Herausforderung, wenn die Anstrengung zu groß ist. Dabei schaffen die allermeisten Eltern Unglaubliches mit ihrer Zuwendung, ihrem Dasein, ihrer Liebe. Sie wachsen, zum Wohl ihrer Kinder, über sich selbst hinaus.

Auch die Fachwelt ist sich nicht einig, ob die Bezeichnung »Schreibaby« schadet oder nutzt. Einerseits, so finden die Hebammen Jessica und Lina vom Hebammenteam Erdmutter, »stigmatisiert der Begriff das Kind und im Grunde auch seine Eltern. Dem Kind wird ein Stempel aufgedrückt: ›Das ist Daniel, er ist ein Schreibaby.‹ Das Kind wird nur noch darüber definiert und es wird fast schon ein bestimmtes Verhalten von ihm erwartet. Nach dem Motto: ›Oh weh … gleich schreit er wieder.‹ Das hat neben der Erfahrung, die man mit dem Kind gemacht hat, auch etwas von einer selbsterfüllenden Prophezeiung. Der Blick auf das Kind ist durch diesen Begriff gefiltert. Der Fokus richtet sich zu sehr auf das Negative. Andererseits kann diese ›Diagnose‹ auch eine Chance sein. Eltern kommen zum Beispiel leichter darauf, eine Schreiambulanz aufzusuchen, wenn sie ihr Kind ›Schreibaby‹ nennen. Und neben den negativen Assoziationen, die dieser Begriff mit sich bringt, ist er gesellschaftlich inzwischen auch so bekannt, dass wir uns vorstellen könnten, dass Freunde, Familie oder andere Mitmenschen mehr Verständnis und Mitgefühl für das Kind und die Eltern aufbringen, wenn sie hören, dass es sich um ein ›Schreibaby‹ handelt.«

So geht es auch Dr. Susanne Hommel: »Im Gespräch mit Eltern verwende ich den Begriff ›unstillbares Weinen‹ und spreche von ›schwer beruhigbaren Babys‹. Wenn man es diagnostisch fasst, lautet die klinische Diagnose ›Frühkindliche Regulationsstörung‹ und die Symptomatik ›Exzessives Schreien‹.«

Elternstimmen

Franz: »Der Begriff ›Schreibaby‹ weist dem Baby eine gewisse Schuld zu und das ist nicht korrekt. Da es eher ein Leiden des kleinen Kindes ist, finde ich ›Leidkind‹ oder ›Kummerkind‹ besser.«

Kerstin: »Ich finde es vollkommen in Ordnung, den Begriff ›Schreibaby‹ zu verwenden. Es ist eine Definition, die es betroffenen Eltern erleichtert, Gleichgesinnte, Ratschläge und Hilfe zu finden. Ich lese manchmal, dass es so negativ, verurteilend und bemitleidenswert klinge. Das mag sein, wenn man das Kind nur noch aus diesem Blickwinkel betrachtet. Mir hat es geholfen, dass ich unser ›Problem‹ benennen konnte.«

Svenja: »Ich nenne meinen Sohn ›fordernd‹. Er ist fordernd von Anfang an. Er sagt, wenn ihm etwas nicht passt. Er fordert, bis heute. Mit seiner Stimme. Er kann ja noch nicht reden.«

Conny: »Wenn ich sage, dass ich ein Schreibaby habe, verstehen die Menschen, dass das Baby viel schreit, sie wissen etwas damit anzufangen. Sage ich, dass meine Tochter seit Geburt eine Regulationsstörung hat, weiß niemand, was ich meine.«

Daniela: »Ich finde, der Begriff bezieht sich zu sehr auf das Schreien. Eigentlich alle Babys, die ich kennengelernt habe, die unter diesen Begriff fallen, sind insgesamt anspruchsvoller und empfänglicher für Reize. Den Begriff ›High Need Baby‹ finde ich passender. Ich beschreibe unseren Sohn oft als ›anstrengend‹, was viel zu negativ besetzt ist, leider. Ein ›anspruchsvolles Baby‹ trifft es vielleicht ganz gut.«

Am Ende des Tages muss jede Familie für sich entscheiden, ob und wie sie die Situation mit ihrem Kind benennt. Ich persönlich habe mich lange gegen »Schreibaby« gewehrt, weil es mir zu hart erschien, meine Kinder so zu benennen. Ich habe gar keinen Begriff benutzt, sondern mit Beschreibungen erklärt, wie unser Alltag aussieht. Für mich hat es keinen Begriff gebraucht, auch weil ich lange Zeit dachte, dass es allen Familien so gehe wie uns. Ich glaubte, ich sei schlicht nicht als Mutter gemacht, nicht für dieses permanente Angeschrienwerden. Denn alle Babys weinen doch, oder? Als mich auch mein drittes Kind an den Rand der Verzweiflung brachte, beschloss ich für mich: Wenn es einen Begriff braucht, dann passt für mich das »Schreibaby« ganz gut. Weil das Schreien für mich das war, was mich am meisten belastete. Das permanente, stundenlange, alles zermürbende Geschrei. Mit Schlafmangel, endlosem Körperkontakt und Unruhe kam ich (mehr oder weniger gut) zurecht. Das Schreien aber brachte mich an meine Grenzen.

Ich werde die Babyzeit mit meinen Kindern immer als anstrengend in Erinnerung behalten, aber das bezieht sich für mich tatsächlich nicht auf die Kinder. Die waren, wie sie waren. Aber die Umstände haben mich überfordert. Deswegen habe ich inzwischen meinen Frieden mit dem Begriff »Schreibaby« gemacht. Mit welchem Begriff fühlst du dich wohl? Oder vielleicht brauchst du keinen?

Aber was ist denn nun eigentlich ein Schreibaby? Woran erkennt man das? Und darf ich als Mutter oder Vater auch dann von einem Schreibaby reden, wenn es nicht eine bestimmte Zahl von Stunden am Tag schreit?

Mythen und Wahrheiten

Es gibt einiges, was Eltern mit unstillbar weinendem Baby so erzählt bekommen. Nicht alles davon stimmt. Manches ist überholt, manches galt nie und manches ist persönliche Geschmackssache. Die Frage, die wohl allen Eltern von Schreibabys auf den Nägeln brennt, ist die Frage nach dem Grund. Wieso weint das Baby so untröstlich? Wieso lässt es sich schlecht bis gar nicht beruhigen? Du bist nicht der Grund für das Weinen, ganz bestimmt nicht!

Wenn du bei der Kinderärztin warst und sich kein organisches Problem finden lässt, das das Schreien erklärt, dann kannst du nur akzeptieren, dass es keinen offensichtlichen Grund gibt. Und das ist schwer, ich weiß. Aber du bist keine schlechte Mutter, kein schlechter Vater, weil sich dein Baby stundenlang in deinen Armen windet und schreit. Du bist nicht schuld, wenn sich dein Baby nicht beruhigt, wenn du es hältst und kuschelst und da bist.

Wir Menschen neigen dazu, für alles, was nicht läuft wie geplant, einen Schuldigen zu suchen. Die Suche nach Schuld ist aber bei einem Schreibaby der völlig falsche Ansatz. Es wird dich nicht glücklich machen, deine Energie darauf zu verwenden, dir selbst Vorwürfe zu machen und dich schuldig zu fühlen. Du kannst nichts dafür, dass dein Kind untröstlich weint. Wenn du dich deinem Baby zuwendest, das Schreien begleitest, dann tust du alles, was du tun kannst. Zermürbe dich nicht an der Frage nach dem Warum. Tatsächlich gibt es auch in der Forschung keine eindeutige Erklärung dafür, dass einige Babys mehr weinen als andere.

Recht einig sind sich alle nur darin, was ein Schreibaby ausmacht. Es ist ein Kind, das weint und sich nur schlecht trösten lässt. Dazu Jessica und Lina, Hebammen vom Hebammenteam Erdmutter: »Das teilweise untröstliche Schreien ist eins der markantesten Symptome. Direkt gefolgt davon, dass das Kind allgemein schlecht zur Ruhe findet. Einschlafen fällt ihm schwer. Es scheint kaum in den Tiefschlaf zu fallen, wacht häufig oder bereits nach kurzer Zeit wieder auf. Wir erleben diese Kinder oft als sehr ›wach‹. Sie blicken mit großen Augen in die Welt, wollen alles wahrnehmen, nichts verpassen.«

Es gibt auch Babys, die sich regelrecht »wegschreien«, also so ausdauernd schreien, dass sie überhaupt nicht mehr zu erreichen sind und irgendwann vollkommen entkräftet einschlafen. Eltern können diese Kinder dann nur halten, die Babys reagieren auf nichts mehr.

Die Dauer des Schreiens ist dabei weniger aussagekräftig als die Erschöpfung der Eltern. Denn es geht nie nur um dein Kind, es geht immer auch darum, wie es dir geht. Ihr beide, dein Baby und du, ihr seid ein Team. Und nur gemeinsam schafft ihr es durch diese anstrengende Phase.

Damit du dich nicht von anderen Ratschlägen irritieren lässt, die dir vielleicht erklären wollen, was genau das Problem deines Babys sein könnte, erkläre ich dir die bekanntesten Mythen und Wahrheiten über Schreibabys.

Die 3er-Regel

Es gibt die berühmte 3er- oder Wessel-Regel, die angeblich helfen soll, ein Schreibaby zu identifizieren. Diese Regel besagt, dass ein Baby dann als viel weinendes Baby gilt, wenn es (mehr als) drei Stunden am Tag an drei Tagen in der Woche über einen Zeitraum von insgesamt drei Wochen schreit. Ich habe diese Regel nie verstanden, weil ich dachte, dass die Babys drei Stunden am Stück schreien müssten. Das taten meine Kinder manchmal, aber nicht immer. Die Regel sagt aber: drei Stunden am Tag zusammengenommen. Das wiederum erschien mir lächerlich, denn welches Kind weint bitte über den Tag verteilt nicht so viel? Mir fiel tatsächlich erst bei meinem dritten Kind auf, dass es in anderen Familien anders ist.

Also fragte ich in den sozialen Medien nach, wie diese 3er-Regel denn nun zu verstehen sei. Die Antworten darauf haben mich so überrannt und überfordert, dass ich die Frage wieder gelöscht habe. Aber ich las zwei Sachen: Es gibt die Eltern, deren Kinder so lange und untröstlich und ausdauernd schreien, wie meine geschrien haben. Und es gibt Eltern, deren Kinder weniger weinen.

Diese 3er-Regel ist nicht mehr wirklich zeitgemäß. Denn ob du mit der Stoppuhr daneben sitzt oder nicht: Wenn du dich vom Schreien deines Kindes belastet und an deine Grenzen gebracht fühlst, dann hilft es nicht, wenn irgendeine Regel sagt: Na, offiziell hast du aber gar kein Schreibaby. Du fühlst, was du fühlst. Du bist die, auf die es ankommt. Keine Regel dieser Welt kann dir sagen, ob dein Kind nun normgerecht weint oder nicht. Wenn es dich fertigmacht, dann ist das so. Dann brauchst du Lösungen, Hilfsangebote und Unterstützung, aber ganz sicher niemanden, der sagt: »Aber die drei Stunden sind noch nicht voll.«

»Sehen wir«, sagen die Hebammen Jessica und Lina, »dass Eltern mit dem Schreien des Kindes überfordert sind, auch wenn es nur eine Stunde pro Tag, zweimal die Woche weint und das erst seit zwei Wochen, dann reagieren wir darauf und begleiten die Eltern, indem wir unterstützen und Hilfestellungen geben, so gut wir können. Egal, ob das Kind der Definition nach ein Schreibaby ist oder nicht.«

Dr. Susanne Hommel von der SchreibabySprechstunde Hamburg sieht es genauso: »Rein diagnostisch gesehen ist ein Baby ein Schreibaby, wenn es häufig genug anhaltend schreit und schwer zu beruhigen ist. Dafür gilt die sogenannte 3er-Regel, auch Wessel-Regel genannt, nach der ›Exzessives Schreien‹ diagnostiziert wird. Aus meiner klinischen und therapeutischen Sicht ist es aber wichtiger, erst mal zu gucken, wie sehr die Eltern durch dieses exzessive Schreien und das erschwerte Beruhigen ihres Babys belastet sind und wie sehr dies die Beziehung zwischen Eltern und Baby belastet.«

Wie fühlst du dich, wenn dein Baby weint? Wenn es dich belastet, dann brauchst du keine Stoppuhr, die das Schreien deines Kindes misst, sondern Hilfe und Unterstützung.

Wenn es dir hilft, dann notiere für dich, wann dein Baby wie lange schreit. Wie gesagt, ohne Stress und ohne Zwang, denn im schlimmsten Geschrei ist eine Stoppuhr das Letzte, woran man denken möchte. Aber für manche Eltern kann es durchaus eine Entlastung sein zu sehen: »Es sind fünf Stunden am Tag, das war mir gar nicht bewusst, dass das so lang ist. Wie toll, dass ich das so gut durchhalte und für mein Kind da bin!« Oder: »Diese 30 Minuten tägliches Geschrei bringen mich an die Grenze, ich kann das einfach nicht länger.«

Elternstimmen

Alma: »Ich kannte die 3er-Regel. Aber was nützt sie mir in der Situation? Als betroffene Eltern bekommt man nur gut gemeinte Ratschläge zu hören. Kaum jemand sagt einfach: ›Das ist schlimm, was du da durchmachen musst. Kann ich irgendetwas für dich tun?‹ Stattdessen hat jeder einen guten Tipp: ›Lass ihn doch einfach mal schreien‹ oder: ›Du musst ihn im Fliegergriff halten. Bestimmt hat er Bauchschmerzen.‹ Wenn man dann sagt: ›Mein Kind ist ein Schreikind, ich habe bereits alles ausprobiert‹, können das nur wenige Menschen akzeptieren. Stattdessen sind die meisten dann beleidigt und antworten sowas wie ›Du wolltest doch Kinder‹ oder ›Da müssen wir alle durch.‹«

Conny: »Mit dieser Regel habe ich das erste Mal verstanden, dass meine Tochter ein Schreikind ist, denn anfangs bin ich davon ausgegangen, dass das so normal ist.«

Katja: »Das ist eine blödsinnige Regel. Ich hatte nie die Zeit und Nerven, eine Statistik im Kopf zu führen, ob das nun diesen Tag, diese Woche auch so gepasst hat oder nicht. Das subjektive Leiden aller Beteiligten in der Familie finde ich viel zentraler, auch wenn es nicht in Zahlen ausgedrückt werden kann. Dann muss ich auch nicht drei Wochen damit warten, ob ich mich nun auch wirklich schlecht fühlen darf, weil mein Kind mehr weint als andere Kinder.«

Melanie: »Mein Mann hat mir irgendwann von der Regel erzählt. Da hatten wir zum ersten Mal einen Namen für unsere Situation. Deshalb finde ich die Regel hilfreich, weil sie uns eine Definition geliefert hat. Und damit einhergehend auch das Bewusstsein: Wir können damit nicht die Einzigen sein.«

Beides ist vollkommen in Ordnung, deine persönliche Grenze ist die einzige Grenze, die Relevanz hat. Niemand hat dir reinzureden, wie viel Geschrei du ertragen musst. Wir Menschen sind verschieden, gehen unterschiedlich gut mit Stress und Lärm und Ausnahmesituationen um.

Es geht darum herauszufinden, was dich durch diese kraftraubende, unfassbar anstrengende Zeit bringt, und nicht darum, irgendeiner Regel Genüge zu tun. Das, was dich an deine Belastungsgrenzen bringt, das ist der Wert, der zählt. Erinnerst du dich noch an den Geburtsvorbereitungskurs, als es um das Thema Schmerzen unter der Geburt ging? Da wurde so viel darüber gesprochen, dass Schmerzen etwas sehr Individuelles sind. Die eine toleriert die Kraft der Wehen gut, die andere weniger. Nichts ist falsch, weil jede die Schmerzen anders erlebt. Es steht schlicht niemandem zu, hier ein Urteil abzugeben. Und was für die Geburt gilt, das gilt auch für das Leben mit dem Baby. Du bist der Maßstab dessen, was du verkraften kannst, und nicht irgendeine Statistik.

Blähungen und Dreimonatskoliken

Das Baby weint so viel, weil es Blähungen hat, weil der Darm rumort, weil das Pupsen schmerzhaft ist oder weil der Verdauungsapparat sich erst daran gewöhnen muss, nun zuständig zu sein. Oder weil das Baby durch das Weinen Luft schluckt, die dann Blähungen verursacht, und das tut weh. Hast du eine (oder alle) Aussagen auch schon mal von deiner Kinderärztin gehört? Ja, natürlich können Blähungen oder Bauchschmerzen ein Grund für Weinen sein.

Aber bei untröstlich weinenden Babys sind Blähungen sehr oft nicht das Problem. Es wurden Untersuchungen dazu gemacht und es gibt Röntgenaufnahmen, die zeigen: Schreibabys haben in der Regel nicht mehr Luft im Darm als Babys, die weniger schreien. Sie bekommen tatsächlich nach dem Schreien manchmal Bauchweh, aber das liegt daran, dass sie beim Schreien viel Luft einatmen, die im Nachgang dann wirklich zu Blähungen führt.

1954 (!) schrieb der Kinderarzt Ronald Stanley Illingworth über die Dreimonatskoliken und seit dieser Zeit ist das die Diagnose auf weinenden, unruhigen Babys in den ersten Lebensmonaten. Wenn Babys beim Weinen die Beine anziehen, ihr Gesicht ganz rot wird, sie schwitzen, erschöpft sind und dann auch Winde oder Stuhl abgehen, dann ist die Diagnose »Dreimonatskoliken« nie weit. Sie stimmt nur nicht, es sind in aller Regel keine Blähungen, die dein Kind zum Schreien bringen.

Ich habe das natürlich auch geglaubt, habe meinen Kindern stundenlang den Bauch massiert, sie im Fliegergriff getragen, ihnen entschäumende Mittel gegeben. Das Massieren und auch der Fliegergriff haben geholfen. Allerdings vermute ich, dass das eher am Körperkontakt lag als daran, dass meine Kinder irgendwelche Verdauungsprobleme hatten.

Es ist viel verführerischer zu sagen: »Das Kind hat Koliken«, als zu erkennen, dass kein organisches Problem vorliegt. Wir Menschen sind darauf gepolt, für Probleme eine Lösung zu finden. Aber wenn es kein Problem gibt, das wir lösen können, wenn da nur scheinbar grundloses Geschrei ist, halten wir das nur ganz schwer aus. Vermutlich geht es den Kinderärztinnen da nicht anders. Die wenigsten trauen sich zu sagen: »Es ist, wie es ist. Sie können nichts tun, außer für Ihr Baby da zu sein.«

Stattdessen werden entschäumende Medikamente oder sogar Schlafmittel verschrieben, die bei Schreibabys keinerlei Wirkung haben. Es gibt die Mittel, damit Eltern das Gefühl haben, dass man etwas tun kann, um sich weniger ausgeliefert zu fühlen.

Dabei würde es vielen Eltern mehr helfen zu hören, dass alles, was sie tun, richtig ist, dass es schlicht Kinder gibt, die sehr viel mehr weinen als der Durchschnitt. Wenn alles untersucht wurde und das Ergebnis ist, dass dem Kind organisch nichts fehlt, dann sollte die Diagnose nicht »Dreimonatskolik« lauten, sondern »Schreibaby«.

Dann solltest du im besten Fall Unterstützung bekommen, zum Beispiel in Form einer Überweisung zum Sozialpädiatrischen Dienst, zur Schreibaby-Ambulanz (leider allzu oft eine Selbstzahlerleistung), zur Osteopathie oder Physiotherapie. Wenn all das Geld, das in Medikamente fließt, für die Unterstützung ausgebrannter Eltern ausgegeben würde, wäre das weitaus hilfreicher für jede einzelne Familie, vermute ich. Aber stattdessen wird Eltern auch heute noch erzählt, dass Bauchschmerzen der Grund für das viele Weinen seien.

»Wir finden den Begriff der Dreimonatskoliken überstrapaziert. Eltern, die uns danach fragen, antworten wir häufig etwas überspitzt, dass Pferde, die Koliken hatten, erschossen wurden. Und daran können sie sehen, wie schlimm echte Koliken sind. Koliken sind pathologisch«, sagen die Hebammen Jessica und Lina. Und sie haben einen schönen Vergleich für dich, der dir vielleicht hilft, dein weinendes Baby nicht unnötig mit Medikamenten zu belasten, sondern das Weinen als etwas zu akzeptieren, das mit der Verdauung wenig zu tun hat:

> *Eltern verwechseln häufig das Verdauen von Eindrücken mit Bauchschmerzen.*
>
> Jessica und Lina, Hebammen

»Wir haben mal gelesen, dass Kinder nur eine bestimmte Anzahl von Eindrücken pro Tag gut verarbeiten können. Überschreiten sie ihr Limit, kommt es zu Kurzschlüssen im Gehirn und Wahrnehmungen werden in die falschen Kisten sortiert. Da kann ein Grummeln im Darm, das tagsüber kein Problem war, am Abend schon mal aus Versehen in der Schmerz- statt in der Grummel-Kiste landen.«

Dr. Susanne Hommel sieht die Idee der Dreimonatskoliken kritisch. Man wisse heute, dass die Blähungen nicht per se das Schreien

Elternstimmen

Mareike: »Unsere Tochter hatte Koliken und Probleme, Luft auszulassen. Pupsen ging bei ihr nur sehr schwer und zwischendurch war es auch schwer für sie, ein Bäuerchen zu machen. Wir bekamen vom Arzt verschiedene Medikamente. Wir versuchten auch Fahrradfahren mit den Beinen, viel Bauchlage und auch Windsalbe.«

Isa: »Die Kinderärztin wollte uns weismachen, dass ich mit unserem Stillrhythmus (Stillen nach Bedarf) schuld am Schreien meines Kindes sei.«

Cathy: »Der Kinderarzt nahm uns zwar ernst, wusste aber auch keine Lösung. Immerhin kam er nicht mit dem ewigen Gerede der Koliken.«

Juli: »Als meine Tochter sich das erste Mal zu Hause weggeschrien hat, dachten wir, dass sie ihren Stuhl nicht rauskriegt und womöglich eine schmerzhafte Verstopfung hat. Wir waren in der Notaufnahme. Dort hat man das als nicht unwahrscheinlich eingestuft und einen Einlauf gemacht. Das muss furchtbar für das kleine Wesen gewesen sein – in einer Situation, in der sie Beruhigung brauchte, in ein steriles, helles Klinikum gefahren zu werden und so unangenehm behandelt zu werden. Sie war danach fix und fertig und ich muss jetzt noch fast heulen, wenn ich daran denke. Im Nachhinein bin ich mir sicher, dass es keine Verstopfung war, denn danach schrie sie sich noch öfter weg, auch ohne Verdauungsprobleme.«

verursachten, sondern vermutlich eher durch das Schreien zunähmen. Die entschäumenden Medikamente, die Eltern häufig von dem Besuch bei der Kinderärztin mitnähmen, dienten aus psychologischer Sicht vor allem der Beruhigung der Eltern. Frau Dr. Hommel beobachtet allerdings, dass sich in den letzten Jahren, auch dank konsequenter Aufklärungsarbeit der Kinderärztinnen, vieles tut: »Die Kindermedizin verändert sich. Besonders im Rahmen der Frühgeborenenmedizin rückt das Thema der Reifung und Affektregulationsfähigkeit sehr in den Fokus, weil sich jeder vorstellen kann, dass frühgeborene Kinder das einfach noch nicht können und diese Fähigkeit entwickeln müssen. Deswegen sind viele Kinderärzte, die auch Ex-Frühchen betreuen, da sehr viel aufmerksamer und beraten die Eltern sehr kompetent.«

Allergien und Nahrungsmittelunverträglichkeiten

Sind es keine Dreimonatskoliken, dann muss es eine Nahrungsmittelunverträglichkeit sein, so lautet oft die Schlussfolgerung. Und daraus folgen meist zwei fatale Entscheidungen. Zum einen wird bei Kindern, die Flaschennahrung bekommen, auf hypoallergene Milchnahrung umgestellt. Die ist oft besonders teuer und schwer zu bekommen – was für Stress bei den Eltern sorgt. Das Gute am Schlechten: Ändert sich das Schreiverhalten deines Kindes auch mit der neuen Milchnahrung nicht signifikant, kannst du, in Absprache mit der Kinderärztin, getrost wieder zur bekannten Flaschennahrung greifen. Denn in den seltensten Fällen ist die Milch schuld am ausdauernden Schreien.

Für Mütter, die ihre Kinder stillen, ist die Diagnose Nahrungsmittelunverträglichkeit weitaus unangenehmer. Denn jeder, wirklich jeder, den du triffst, hat eine Theorie darüber, was genau Babys nicht vertragen können. Wenn du darauf hörst, dünnt sich dein Speiseplan ganz schnell aus. Mir passierte es, dass mir in einem Café kein Sandwich mit Tomaten verkauft wurde, weil das angeblich zu einem wunden Po und damit zu vermehrtem Schreien bei Babys führt. Als ich Erdnüsse essen wollte, fragte eine befreundete Mutter, ob ich Allergien bei meinem Kind auslösen möchte. Mir wurde von Zwiebeln, scharfem Essen, Erdbeeren und Kirschen abgeraten. Und das alles, weil irgendwer mal irgendwann irgendwo gelesen hatte, dass Stoffe in die Muttermilch übergehen und Kinder unruhig machen könnten. Dabei stimmt das gar nicht.

Wenn ein Baby untröstlich weint, dann sind gerade wir Mütter für jeden Tipp dankbar und natürlich probieren wir dann auch aus, ob sich etwas ändert, wenn wir bestimmte Nahrungsmittel weglassen.

Allerdings ist der Grund für das unstillbare Weinen sehr, sehr selten eine Nahrungsmittelunverträglichkeit. Also lass dir bitte nicht die Freude am Essen verderben. Gerade in so fordernden, schwierigen Zeiten solltest du auf dich achten und das essen, was dich glücklich macht. Ein rigider Speiseplan macht in erster Linie schlechte Laune und sorgt dafür, dass du das Geschrei deines Babys noch schlechter verkraften kannst. Damit du für deinen Nachwuchs da sein kannst, sollte es dir so gut wie möglich gehen. Und deswegen kann ich dir nur raten: Iss die Erdbeeren. Schnapp dir das Stück Schokolade und trink den Ingwertee. Iss das, was dir guttut und für Glücksgefühle bei dir sorgt. Deine positive Grundstimmung ist gerade in der Zeit mit einem schwer zu beruhigenden Baby besonders wichtig.

Regulationsstörungen

Eine Regulationsstörung ist, so Dr. Susanne Hommel, eine »einer Unreife geschuldeten Schwierigkeit, Übergänge von Zuständen zu regulieren. Ein Baby erlernt verschiedene Rhythmen, zum Beispiel Wachsein und Schlafen, oder Wachsein und Aufmerksamsein, oder Pause machen und viele Dinge, die sensomotorisch relevant sind, zu regulieren. Wenn das nicht ausreichend gut gelingt – bezogen auf das Entwicklungsalter des Kindes und was man da erwarten würde –, dann spricht man klinisch von einer ›Frühkindlichen Regulationsstörung‹.

Sie zeigt sich in typischen Symptomen wie exzessivem Schreien, Still- und Fütterproblemen oder Ein- und Durchschlafproblemen.«

Nun hat aber nicht jedes Schreibaby eine Regulationsstörung, auch wenn das im ersten Moment so klingt. »Jedes Baby, das entsprechend der diagnostischen Kriterien übermäßig weint, sich schlecht beruhigen lässt und deutliche Schwierigkeiten in diesem Bereich hat, würde erst mal die Diagnose einer Regulationsstörung mit exzessivem Schreien bekommen. Aber das heißt nicht, dass jedes dieser Babys in seiner weiteren Entwicklung ein regulationsgestörtes Kind bleibt«, so Dr. Susanne Hommel.

Elternstimmen

Conny: »Meine Tochter hat eine Regulationsstörung. Bei Neugeborenen bedeutet das, dass sie ihr Verhalten, ihre Emotionen usw. nicht regulieren können. Bei uns treffen noch mehr Punkte zu, unter anderem ein bis etwa 2½ Jahren fehlendes Sättigungsgefühl und bis heute ein verringertes Schlafbedürfnis. Meine Tochter kommt mit ihren fünf Jahren durchaus auch über mehrere Tage mit etwa vier bis fünf Stunden Schlaf innerhalb von 24 Stunden aus. Mittlerweile geht man davon aus, dass Regulationsstörungen sich nicht auf das erste Lebensjahr oder bis ins dritte Lebensjahr beschränken, sondern einen tatsächlich auch lebenslang begleiten können.«

Yvonne: »Wir haben nie einen Grund für das Schreien herausgefunden. Ich glaube tatsächlich inzwischen, dass ihm die Welt einfach zu viel war. Er brauchte uns, um sich zu regulieren, es war alles einfach zu laut, zu hell, zu viel.«

Diese Einschätzung hilft dir hoffentlich dabei, Hilfe in Anspruch zu nehmen, wenn du ein Schreibaby hast und dich sorgst, dass eine Fülle von Diagnostik auf dich zukommt. Dir kann zeitnah und unkompliziert geholfen werden und es ist wichtig zu wissen: nur in selteneren Fällen hat ein Schreibaby solch gravierende Regulationsstörungen, dass diese bis ins Schulalter anhalten. Alle Babys brauchen die Hilfe ihrer Eltern bei der Regulation ihrer Emotionen, untröstlich weinende Babys brauchen nur etwas mehr als der Durchschnitt. Und vielleicht brauchen sie diese elterliche Co-Regulation länger als andere Babys.

»Es ist sehr unterschiedlich, was die Kinder und was die Eltern im Umgang mit dem Baby brauchen. Bei einem klassischen Schreibaby ist neben der elterlichen Belastung und einer Belastung der Beziehung zwischen Baby und Eltern meist eine Unreife des Kindes vorhanden. Wenn der Entwicklungszeitraum vorbei ist und das Baby erweiterte Fähigkeiten, Affekte zu regulieren, erwirbt und versteht, dass es sich von Mama und Papa dabei helfen lassen kann, ist es kein Schreibaby mehr«, fasst Dr. Susanne Hommel den aktuellen Wissensstand noch einmal zusammen. Deswegen: Nur Mut! Trau dich, um Hilfe zu bitten.

Die 12-Wochen-Marke

Es gibt im Leben mit Schreibabys verschiedene Zeitmarker, an denen wir Eltern uns gern orientieren. So habe ich immer gelesen, dass auch Babys, die am errechneten Geburtstermin (oder danach) geboren werden, eigentlich Frühgeburten sind. Sie kommen, wenn man den Reifegrad des Gehirns betrachtet, rund drei Monate zu früh zur Welt. Anders wäre das aber anatomisch für uns Mütter nicht machbar. Nun reifen unsere Kinder also außerhalb des Mutterleibes noch nach und verlieren manche Reflexe wie beispielsweise den Moro-Reflex in dieser Zeit.

Der Moro-Reflex, auch Klammerreflex genannt, sorgt in der Tierwelt dafür, dass die Jungtiere nicht von ihren Eltern herunterfallen, sondern sich im Fell festhalten. Dein Baby muss nicht ins Fell greifen, aber der Reflex ist trotzdem überlebenswichtig für Säuglinge, er sorgt u. a. für den ersten Atemzug und hilft, die Luftröhre zu öffnen, wenn ein Neugeborenes zu ersticken droht. Er wird durch alle Wahrnehmungskanäle, die wir Menschen haben, ausgelöst und ruft unterschiedliche körperliche Reaktionen hervor. Den meisten Eltern ist vor allem das Rudern mit den Armen bekannt, wenn der Säugling erschrickt. Mit der Reifung des Nervensystems verschwindet dieser Reflex, typischerweise um den dritten bis vierten Lebensmonat herum.

Wegen der Theorie der Unreife lesen wir Eltern immer wieder von der 12-Wochen-Marke. Wenn dein Kind knapp drei Monate alt ist, so besagt diese, lässt das Schreien nach. Weil das Kind dann »ausgereift« ist, in dem Sinne, dass es besser in unserer Welt zurechtkommt. Also warten wir Eltern, halten durch, bis die 12 Wochen vorbei sind. Und es ändert sich – oft genug leider gar nichts. Das Geschrei bleibt in gleicher Lautstärke, in gleicher Intensität, in gleicher Frequenz. Und wir Eltern verzweifeln, weil wir vielleicht doch etwas falsch gemacht haben könnten. Aber nur, weil es Babys gibt, die sich lehrbuchmäßig verhalten, liegt der Fehler nicht bei dir. Weil Schreibabys eben nicht deswegen schreien, weil ihr Gehirn nicht ausgereift ist oder weil sie einige Reflexe verlieren müssen.

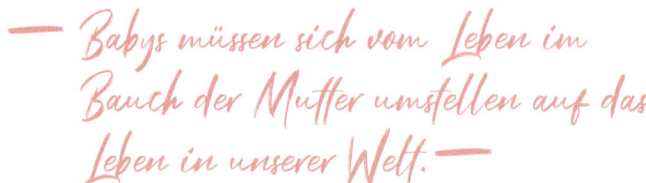

— *Babys müssen sich vom Leben im Bauch der Mutter umstellen auf das Leben in unserer Welt.* —

Jessica und Lina, Hebammen

Die Hebammen Jessica und Lina erklären diese Unreife folgendermaßen: »Menschenbabys müssen psychisch und physisch nach der Geburt in dieser Welt ankommen. Dazu sind diverse (Anpassungs-)Prozesse notwendig. Manchen Kindern fällt der Wechsel zwischen den Welten sehr leicht. Sie fühlen sich sofort wohl und sind sehr zufrieden mit sich und ihrem Leben. Andere Kinder brauchen ein wenig oder auch mehr begleitende Hilfe. Im guten Durchschnitt haben die meisten Kinder das in 12 Wochen gemeistert. Manche brauchen weniger Zeit, andere viel mehr. Das ist so individuell wie die Kinder und ihre Eltern. Dass Kinder diese extra Zeit außerhalb des Bauches zum ›Nachreifen‹ und Ankommen brauchen, ist sicherlich die Basis und ein guter Aufhänger, um vor allem überforderten und frustrierten Eltern zu erklären, warum sich ihr Kind so verhält. Ist es die alleinige Antwort und Ursache für das Schreien der Kinder? Nein.«

Ich kann sehr gut verstehen, dass deine Hoffnungen auf diesen berühmten 12 Wochen liegen, nach denen es besser wird. Mir ging es genauso. Das Loch, in das ich fiel, als auch nach diesen drei Monaten das viele Weinen meiner Kinder weiterging, war tief.

Deswegen ist mein Tipp: Versuche jeden Tag einzeln zu überstehen. Setze dir kein festes Ziel, wann das Weinen aufhören sollte. Es wird passieren, das ist klar, aber es kann auch wochen- oder monatelang dauern, bis dein Kind sich leichter beruhigen lässt. Such dir so früh wie möglich Hilfe und Unterstützung. Wird das viele Weinen nach 12 Wochen besser, dann ist das gut. Wird es das nicht, hast du dir vielleicht schon Hilfe geholt, die dich auch weiterhin durchhalten lässt und dafür sorgt, dass du dich liebevoll um dich und dein Baby kümmern kannst.

Elternstimmen

Kerstin: »In den ersten zwei bis drei Monaten war ich noch ruhig bei der Sache. Es gibt ja diese grobe Richtlinie, nach der der Spuk in der Regel nach drei Monaten vorbei sein soll. Auch meine Mutter sagte, ich sei in den ersten drei Monaten ein Schreibaby gewesen und danach fast von heute auf morgen der größte Sonnenschein. Das hat mich also erstmal nicht abgeschreckt. Nach diesen drei Monaten wurde das Schreien für mich aber schnell immer unerträglicher. Ich war manchmal sehr frustriert, dass all meine Liebe nicht angenommen wurde bzw. nicht gereicht hat, um mein eigenes Kind zu beruhigen.«

Daniela: »Es gab sechs Monate lang täglich Geschrei von drei bis sieben Stunden und dann wurde es immer weniger. Mit etwa elf Monaten hatte ich das erste Mal das Gefühl, in den Abendstunden ein ›normales‹ Baby zu haben. Aber ihn einfach ins Bett zu bringen, war da immer noch nicht möglich.«

Conny: »Alle sagten, dass das nach drei Monaten vorbei ist. Aber das war es nicht. Und mir wurde immer klarer, dass es nicht normal ist. Penetrant, raumfüllend und untröstlich schrie sie, bis sie mit neun Monaten in die Kinderkrippe ging, was sich als Lösung erwies. Naja, vielleicht eher eine Erleichterung als eine Lösung.«

Jan: »Das Baby schrie quasi immer, wenn es nicht an der Brust war. Meine Frau hat deshalb in den ersten Wochen und Monaten sehr, sehr viel Zeit im Bett verbracht. Ich erinnere mich, wie ich unten den Kita-Kindern ihr Frühstück machte, dann Brote für meine Frau schmierte und ihr ein Frühstück ans Bett brachte, um dann die Kinder in die Kita zu fahren.«

Zusammenfassung

Der richtige Begriff

Ob »Schreibaby«, »Baby mit Regulationsstörungen« oder »viel weinendes Baby«, finde den Begriff, der für dich am besten passt. Du entscheidest, wie du die Situation beschreibst, nicht die anderen.

Lass dich nicht irritieren

Die 3er-Regel, nach der Schreibabys nur dann Schreibabys sind, wenn sie eine bestimmte Anzahl von Stunden innerhalb einer bestimmten Zeit schreien, ist weniger aussagekräftig als die Belastung der Eltern.

Keine Regel für das Ende

Leider hören nach 12 Wochen nicht alle schwer zu beruhigenden Babys auf, exzessiv zu schreien.

Oft gibt es keinen Grund

Blähungen oder Dreimonatskoliken sind meistens nicht der Grund für das viele Weinen. Und auch Nahrungsmittelunverträglichkeiten spielen nur in sehr wenigen Ausnahmefällen eine Rolle für das Schreien.

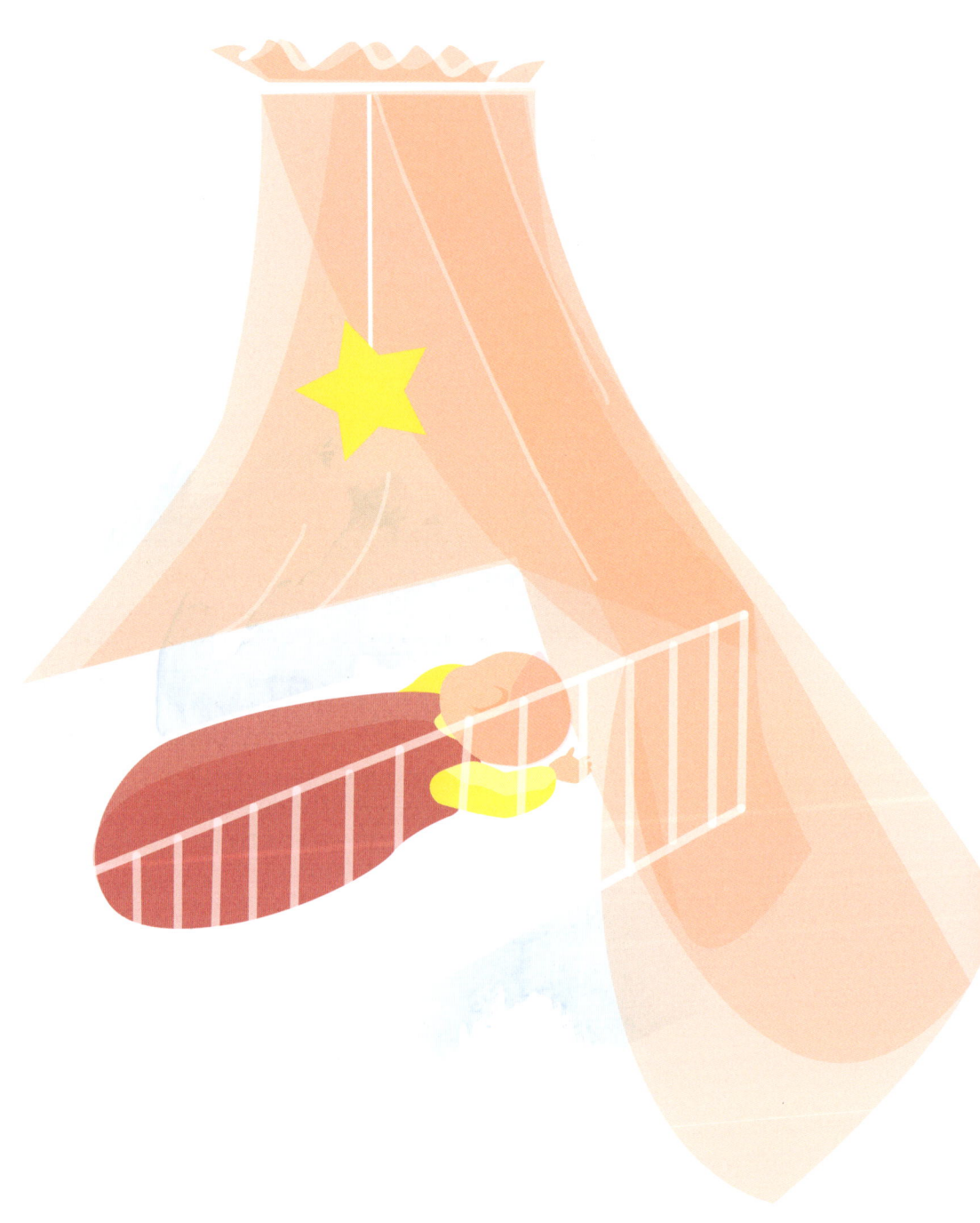

Auf die Welt kommen

»Es ist nicht egal, wie wir geboren werden.« Diesen Satz prägte der Arzt Michel Odent. Und natürlich stimmt es: Wenn eine Geburt von Müttern als selbstbestimmt erlebt wird, ist das immer ein guter Start ins Leben. Jede Frau hat das Recht auf eine selbstbestimmte Geburt. Und es wäre wünschenswert, es liefe alles so ab, wie die Mutter sich das vorstellt, mit guter 1:1-Betreuung durch eine Hebamme, mit Zeit und Ruhe und ohne Druck. Aber auch der beste Start kann nicht verhindern, dass manche Kinder Schreibabys werden. Genauso wie eine von der Mutter als traumatisch empfundene Geburt nicht bedeutet, dass der Säugling automatisch zu einem schwer zu beruhigenden Baby wird. Dieses Wissen entlastet vielleicht all die Mütter, die glauben, sie seien durch das Geburtserlebnis irgendwie schuld an dem Geschrei.

Spontangeburt

Leider wird uns Müttern sehr oft eingeredet, dass wir schuld daran seien, wenn unsere Babys sich nur schwer beruhigen lassen. Wir sind es nicht. Wenn, dann sind die Umstände schuld am Geburtserlebnis. Aber nicht du!

Die Physiotherapeutin Susann Siegert erklärt, dass eine Medikamentengabe unter der Geburt bei der Mutter, vor allem aber beim Kind Stress auslösen kann. »Wurde zum Beispiel Oxytocin benutzt, kann es zu Problemen kommen, wie zum Beispiel unkontrollierbaren, nicht wirksamen Wehen und Wehendruck, der nur von oben kommt. Das natürliche, von der Mutter gebildete Oxytocin kann nicht andocken, weil die Rezeptoren bereits von der chemischen Variante des Oxytocins besetzt sind. Das kann zu Bindungs- und Stillproblemen führen. Die hohe Ausschüttung von Cortisol (ein Stresshormon) unter dem empfunden Stress kann eine mögliche Ursache für exzessives Schreien sein. Ebenfalls kann dies zu Powernappings und zu extrem schneller motorischer Entwicklung führen.«

Du kannst nicht immer beeinflussen, welche Medikamente dir während der Geburt deines Kindes gegeben werden, oft musst du den Ärzten einfach vertrauen. Wichtig ist, dass du gut für dich sorgst. Bitte deshalb deinen Partner oder deine Partnerin, unmittelbar nach der Geburt für Ruhe zu sorgen. »Die erste Kontaktaufnahme des Neugeborenen zwischen Mutter und Kind sollte schnellstmöglich stattfinden. Längere Unterbrechungen können zu Diskrepanzen führen, wenn die erste Kontaktperson nicht die Person ist, durch die die wesentlichen Eigenschaften der pränatalen Entwicklungsphase (Ernährung und Bindung) erfüllt werden«, fasst Susann Siegert die prägende allererste Zeit zusammen. Kannst du als Mutter aufgrund einer Notsituation nicht zur Verfügung stehen, dann sollte dein Partner oder deine Partnerin einspringen oder eine Person, die dem Baby in nächster Zeit viele Kuscheleinheiten schenken wird.

Die Umstände sind, wie sie sind, und du bist nicht schuld, wenn dein Baby die ersten Stunden ohne dich oder eine weitere Bezugsperson verbringen muss. Wende dich in so einem Fall, sobald du dich fit genug fühlst, an einen Osteopathen, eine Hebamme oder eine Physiotherapeutin, die auf Babys spezialisiert sind. Mit speziellen Techniken lässt sich nämlich noch manches Bindungserlebnis nachholen.

»Ein weiterer Grund für exzessives Schreien kann sein, dass sich die Schädelplatten noch nicht an dem für sie richtigen Ort positioniert haben. Unter der Geburt werden Schädelplatten komprimiert, durch das Schreien findet eine Druckverlagerung im Kopf statt, wodurch die Schädelplatten an ihre ursprüngliche Position geschoben werden«, erklärt die Physiotherapeutin Susann Siegert.

Manchmal kann ein Osteopath helfen

Auch Dr. Susanne Hommel von der SchreibabySprechstunde Hamburg berichtet, dass der Geburtsverlauf ein Indikator für das unstillbare Weinen eines Babys sein kann. Die Rückmeldung von Physiotherapeutinnen und Osteopathinnen lege das nahe: »Angeblich gibt es einen Zusammenhang, vor allem weil die Osteopathen sehr klar beschreiben, dass die oberen Kopfgelenke des Babys im Verlauf einer Spontangeburt durch bestimmte Faktoren verschoben oder aber blockiert werden können. Das verursacht vermutlich große Schmerzen. Diese Kinder schreien massiv, aber aus gutem Grund. Deswegen ist es manchmal sehr sinnvoll, einen Osteopathen dazuzuziehen.«

Bevor du nun sofort versuchst, einen Termin zu vereinbaren, hier eine Einschätzung von Dr. Hommel: »Aus der Geburtsgeschichte heraus kann man nicht per se sagen, ob ein unstillbar weinendes Baby Osteopathie benötigt. Es hat etwas damit zu tun, in welcher Lage das Baby durch den Geburtskanal kommt und wie schnell das geht.« Und genau das kann man nicht immer sehen, weil niemand weiß, was genau dein Baby während der Geburt erlebt hat. Sehr schnelle Geburten können manchmal ein Indikator sein, aber nicht immer. »Wenn man sich das Baby anschaut und merkt: Da ist eine deutliche Überstreckung oder eine deutliche Asymmetrie, weil das Baby immer zu einer Seite geneigt ist, vor allem mit dem Kopf, kann das eine Indikation sein. Ein guter Kinderosteopath kann das schnell feststellen und beheben.«

Schau dein Baby genau an. Wenn du oder deine Kinderärztin etwas Auffälliges feststellen, lass es abklären. Vielen Babys, die wegen Schmerzen schreien, kann so geholfen werden. Aber sei nicht enttäuscht, wenn dir dort nicht geholfen werden kann. Osteopathie ist auch kein Allheilmittel. Aber es kann auch entlastend sein zu wissen, dass dein Nachwuchs nicht schreit, weil er körperliche Schmerzen hat.

Was passiert bei der Physiotherapie?

Die Physiotherapeutin Susann Siegert erklärt, dass sie zunächst vor allem durch Blickkontakt eine Verbindung zum Baby herstellt. »Ich schaue mir an, was das Baby alles Tolles kann, was es mitbringt, welche Ressourcen es hat – ich hole es da ab, wo es jetzt gerade ist. Ich zeige den Eltern, was ihr Kind schon alles kann. Diese Zeit nutze ich zur ersten Anamnese. Im Anschluss mache ich eine Befunderhebung des Babys, um herauszufinden, ob es körperliche Ursachen des Schreiens gibt. Ich suche Dysfunktionen, Asymmetrien, strukturelle Probleme, die die Entwicklung des Kindes behindern könnten.«

Es könne passieren, erklärt die Physiotherapeutin, dass Babys während der Behandlung bei ihr weinten. Das liege aber in aller Regel nicht daran, dass sie in dem Moment Schmerzen hätten. »Babys«, erklärt Siegert, »sind schneller überfordert als Kinder und Erwachsene. Tritt dies ein, wird das gern mit Schreien begleitet. Man sollte nicht vergessen, dass gerade ein Neugeborenes motorisch gezielt nur den Kopf steuern kann. Und genau an dem arbeite ich – der Unmut über diesen Kontrollverlust wird gern auch verbal geäußert. Während der ganzen Zeit bleibe ich in der Interaktion mit Eltern und Baby. Denn auch die Eltern benötigen ein offenes Ohr.«

Elternstimmen

Sara: »Man sagt ja oft: ›Wie die Geburt, so das Kind‹, und bei uns stimmt das definitiv. Wir hatten eine schwierige Geburt. Sie war für mich trotz PDA extrem schmerzhaft und für mein Kind auch sehr stressig. Kurz nach der Geburt war ich mit einer schweren Mastitis im Krankenhaus, davon die ersten 1½ Tage ohne Kind, was sehr schlimm für mich war. Außerdem war die Versorgung durch meine Hebamme(n) nicht besonders gut. Ich hatte also schon sehr früh das Gefühl, dass ich meiner Aufgabe als Mutter nicht gewachsen bin, und hatte extreme Angst davor, dass meinem Kind etwas passiert und dass wir keine Bindung zueinander aufbauen können. Ich habe versucht, alles nach Lehrbuch zu machen, auch weil ich keine vernünftige Beratung bekommen habe. Im Nachhinein denke ich, dass ich damit viel kaputt gemacht habe. Hätte ich mein Kind von Anfang an bei uns im Bett schlafen lassen, es nach Bedarf gestillt usw., hätten wir es sicher schon früher emotional besser auffangen können.«

Wiebke: »Wir haben uns sehr gefreut, als der Schwangerschaftstest endlich positiv war. Danach wurde alles kompliziert, ich hatte schlimme Depressionen und Stress während der Schwangerschaft. Ab der 30. SSW kam dann auch noch eine Präeklampsie dazu, massive Wassereinlagerungen und sehr hohe Blutdruckwerte. In der 36. SSW kam meine Tochter dann per Notkaiserschnitt zur Welt, im Krankenhaus war ich noch einigermaßen positiv, nach der Entlassung war ich das heulende Elend. Wir wohnten in einem stark renovierungsbedürftigen Haus, die Heizung funktionierte nicht richtig usw.«

Frühgeburt

Eltern von Frühchen sind ganz besonders gefordert, weil schon der Alltag unglaublich schwerfällt und alles organisiert werden muss. Und dann ist da immer die Sorge um das Überleben des Kindes. »Frühchen haben noch mal mehr Schwierigkeiten, diese physiologischen inneren Regulationsfähigkeiten zu entwickeln, weil sie oft noch dramatisch unreif sind, wenn sie auf die Welt kommen. Sie brauchen dann ein Quartal länger, bis sie das aufgeholt haben«, sagt Dr. Susanne Hommel.

Das Aufholen bedeutet für dich aber vor allem auch: Es kann an sich schon länger dauern, bis dein Baby sich an den Alltag gewöhnt hat. Brauchen reif geborene Babys die schon erwähnten 12-Wochen (Seite 27), um in der Familie anzukommen, brauchen frühgeborene Kinder zusätzlich zu der Zeit, die sie zu früh auf die Welt kamen, noch diese drei Monate. Das unstillbare Schreien, dass sich, wie du vielleicht schon gelesen hast, oft leider nicht an diese 12-Wochen-Marke hält, kann dich mit einem Frühchen noch länger begleiten.

Gleichzeitig gibt es für alle Frühchen-Eltern aber eine wirklich gute Nachricht: Es ist deutschlandweit vorgeschrieben, dass die Level-1-Zentren, die die Extremfrühchen versorgen und intensivmedizinisch betreuen, eine besondere Verpflichtung haben. Sie müssen den Familien der Frühgeborenen zwei Jahre lang Gespräche und Hilfe anbieten, um die Entwicklung der Kinder, aber auch die Belastung der Familie im Blick zu haben. Diese psychosoziale Nachsorge ist von Bundesland zu Bundesland unterschiedlich organisiert. Manche Kliniken haben eine eigene Nachsorgeeinrichtung, manche machen es über sozialpädiatrischen Zentren. Diese Nachsorge muss allen Eltern angeboten werden.

Wenn dein Baby zu früh geboren wurde, solltest du diese Nachsorge unbedingt in Anspruch nehmen. Aber schau auch immer, was dir da guttut – nicht jede Beratung eignet sich für jede Familie. Du musst nicht versuchen, allein mit deinem Schreibaby zurechtzukommen. Jede Hilfe, die du bekommen kannst, darfst du auch annehmen.

Elternstimmen

Juli: »Ein Grund für das viele Schreien wird wohl gewesen sein, dass unsere Tochter über sieben Wochen zu früh auf die Welt kam. Es gab große Startschwierigkeiten: Notkaiserschnitt, ich konnte sie erst nach zwei Tagen das erste Mal sehen, Stillen ging nicht, nur Abpumpen und dann mit der Flasche füttern. Dadurch waren wir viel unsicherer in allem, was die Kleine betraf, als ›normale‹ Erstlingseltern. Ein oder zwei Tage nachdem wir entlassen wurden, ist sie fast erstickt, weil sie sich beim Trinken verschluckt hat. In solchen Situationen hatte ich eine Wahnsinnsangst. Überhaupt dachte ich bei jeder Kleinigkeit, es sei etwas ganz Schlimmes. Das hängt wohl mit der Angst unmittelbar vor und nach der Geburt zusammen, ob sie es als Frühchen packt und wie gut. Mein Herz raste, wenn sie sich weggeschrien hat – aber damit konnte ich sie ja nicht beruhigen. Im Gegenteil, sie musste spüren: ›Wenn sogar meine Vertrauens- und Versorgungsperson Nr. 1 Panik kriegt und mir nicht helfen kann, dann muss ich jetzt um mein Leben schreien.‹«

Cathy: »Unser Sohn kam drei Wochen zu früh zur Welt. Die Hebamme schickte uns bei ihrem ersten Besuch direkt zum Arzt mit dem Verdacht auf Neugeborenengelbsucht. Der Arzt überwies uns weiter ins Krankenhaus: Der Bilirubinwert war so grenzwertig, dass ein Blutaustausch im Raum stand. Mit Hilfe einer Turbo-Fotolampe konnte dieser abgewendet werden. In dem Apparat liegend schrie unser Sohn allerdings ohne Ende. Wir hatten keine Möglichkeit zu kuscheln, nicht einmal zum Stillen durfte er dort raus.«

Kaiserschnitt

Mütter, deren Kinder durch einen Kaiserschnitt geboren wurden, geben sich häufig die Schuld für das unstillbare Weinen ihrer Kinder. Das liegt sicher auch daran, dass vielen Müttern, die einen Kaiserschnitt hatten, eingeredet wird, sie hätten eine schlechtere Geburt. Frauen gebären seit Jahrtausenden Babys natürlich, ohne Medikamente, bringen ihre Kinder ohne Kaiserschnitt auf die Welt. Nur: Frauen sterben auch seit Jahrtausenden während der Geburt. Der Kaiserschnitt hat geholfen, die Müttersterblichkeit zu senken. Auch deswegen ist ein Kaiserschnitt keine schlechtere Geburt, wie viele Menschen Müttern vollkommen unberechtigterweise einreden wollen. Lass das nicht zu. Dein Baby kam per Kaiserschnitt auf die Welt, das ist so. Es ist ein anderer Start ins Leben, aber kein schlechterer. Und ein Kaiserschnitt ist definitiv kein Grund für Babys, unstillbar zu schreien.

Ob ein Notfallkaiserschnitt, ein geplanter Eingriff oder auch ein Wunschkaiserschnitt, keiner dieser Eingriffe macht ein Baby zu einem Schreibaby. Weil dein Baby aus dem Bauch heraus geboren wird, kann es kaum zu Verschiebungen oder Blockierungen der Kopfgelenke im Geburtskanal kommen. Das bestätigt auch Dr. Susanne Hommel von der SchreibabySprechstunde Hamburg. Sie stellt klar: »Kinder, die per Sectio auf die Welt kommen, brauchen meistens keine osteopathischen Behandlungen.«

Nur dass du das nicht falsch verstehst: Selbstverständlich kann es sein, dass dein Kaiserschnittbaby ein Schreibaby ist. Du kannst dir aber sicher sein, dass es nicht weint, weil es Physiotherapie benötigt, denn sein Weg ins Leben war anders als bei einer Spontangeburt. Anders, nicht besser oder schlechter. Es ist verständlich, dass du, wenn dein Baby sich schwer beruhigen lässt und du vielleicht der Spontangeburt nachtrauerst, glaubst, dass der Kaiserschnitt schuld am untröstlichen Weinen sein könnte. Aber das stimmt nicht. Sollten andere dir das einreden wollen, dann dreh dich um und lass die Menschen stehen. Es ist dein gutes Recht, dich vor solchen Angriffen (und das sind solche Vorwürfe!) zu schützen.

Elternstimmen

Fenja: »Ich gerate immer wieder in Versuchung, den Kaiserschnitt für das Schreien verantwortlich zu machen (geplant wegen Beckenendlage). Unsere Tochter musste sich nicht anstrengen, war daher gleich nach der Geburt fit und über einen längeren Zeitraum wach, wirkte dabei aber irgendwie ›angepisst‹ – ihr Blick sah aus wie: Warum habt ihr mich da rausgeholt? Ich wollte noch drinbleiben!«

Svenja: »Mein Sohn war ein Kaiserschnitt-Kind. Die Umstände seiner Geburt waren durchaus schwierig. Ich wurde in der 37.+1 SSW mit einem nicht geburtsreifen Befund ins Krankenhaus eingewiesen und musste eingeleitet werden. Ich hatte lange starke Wehen und am Ende dann einen Kaiserschnitt wegen Geburtsstillstand. Ich denke nicht, dass der Kaiserschnitt das Problem war, sondern es einfach daran lag, dass mein Sohn so ruppig vor die Tür gesetzt wurde. Vielleicht hat er die Zeit gebraucht und es fiel ihm einfach schwer anzukommen. Wobei vermutlich auch die fehlenden Bakterien, die die Kinder beim Kaiserschnitt nicht bekommen, seine fiesen Bauchbeschwerden verursacht haben. Ich war übrigens auch ein Kaiserschnittbaby, bekam die Flasche und war trotzdem ein totales Anfängerbaby.«

Woche zwei:
Das Schreien nimmt zu

Oft heißt es, dass Schreibabys sich in den ersten Tagen besonders unauffällig verhalten. Erst ab Woche zwei beginne das Geschrei, vorher sei alles leise. Allerdings ist es tatsächlich eher Typsache, wann das unstillbare Weinen beginnt.

Bei meinen Kindern waren die ersten zehn Tage sehr unauffällig und ruhig. Ich erinnere mich noch, wie ich mich wunderte, wieso andere Eltern immer von Übermüdung und Überforderung sprachen, wo doch bei mir alles relativ gut klappte. In Woche zwei aber ging das Gebrüll, so muss ich es leider sagen, los. Und hörte nicht mehr auf. Zuerst dachte ich vollkommen panisch, dass mein Baby sich irgendwo verletzt hätte. Ich grübelte: War ich irgendwann am Tag unaufmerksam gewesen? War mir entgangen, dass sich mein Kind verletzt hatte? Weil das Geschrei nicht mehr aufhörte, ich mein Baby nicht beruhigen, aber auch nichts finden konnte, besprach ich mich mit meinem Mann. Er riet zur Ruhe, wir riefen beim Kinderarzt an. Das Kind sah nicht krank aus, hatte kein Fieber, uns wurde geraten, ruhig zu bleiben, und, wenn wir unsicher seien, vorbeizukommen. Tage später gingen wir in die Praxis, das Kind war kerngesund, es schrie »nur«. Wir wurden mit tröstenden Worten und dem Angebot nach Hause geschickt, uns zu melden, wenn wir Unterstützung bräuchten. Unser Kind schrie Tag und Nacht, monatelang. Ich war verzweifelt und dachte immer wieder an die ersten zehn Tage zurück. Hätte ich gewusst, dass diese Tage die einzig ruhige Zeit im ersten Jahr sein würden, ich hätte sie mehr genossen, jede ruhige Sekunde ausgekostet.

Bei den beiden anderen Kindern war ich die erste Zeit sehr angespannt, weil ich nicht wissen konnte, ob sie unstillbar schreien würden oder nicht. Als sich nach Tagen Dauergeschrei herauskristallisierte, dass auch die Geschwister Schreibabys sind, weinte ich. Sehr lange und ja, untröstlich. Weil ich wusste, was ich erneut durchstehen musste. Ich fühlte mich um die Babyzeit betrogen, denn die wenigen Tage Babyhoneymoon reichten mir nicht.

Elternstimmen

Svenja: »Das Schreien begann quasi direkt nach der Geburt. Das erste, was im OP nach dem Kaiserschnitt zu mir gesagt wurde war: ›Hui, der hat 'ne Stimme. Mit dem Jungen werden sie noch Spaß haben.‹ Sie behielten recht.«

....

Mareike: »Das Schreien begann etwa zwei Wochen nach der Geburt und im sechsten Lebensmonat wurde es nach und nach besser. In den absoluten heftigen Zeiten schrie sie bis zu sieben Stunden am Tag, teilweise so heftig, dass sie kaum noch Luft bekam und sogar heiser wurde.«

....

Stef: »Es ging etwa vier Wochen nach der Geburt los, dass der Große immer spätestens nachmittags bis spät abends durchschrie. Ich war noch Zombie durch die Geburt und das verstärkte sich wieder extrem. Es raubte alle Energie.«

Die Physiotherapeutin Susann Siegert sieht in ihrer Praxis, dass es keinen bestimmten Zeitpunkt gibt, an dem Schreibabys anfangen zu schreien.

Hast du dir schon mal überlegt, was genau im ersten Lebensjahr mit deinem Baby passiert? Nicht nur, dass es wächst, von etwa 50 cm auf ungefähr 75 cm, es begreift und versteht auch immer mehr. Susann Siegert sagt, dass das Erlernen neuer Fähigkeiten in so kurzer Zeit eine enorme Leistung für Babys sei. Das kann bei manchen Kindern auch zu Überforderung führen. Sie erklärt, dass »die wachsende Wahrnehmung – dieses Begreifen, dass die Hand zu mir gehört, bis zum schrittweise koordinativen Greifen und Heranziehen von Gegenständen« ein großer Schritt für alle Kinder sei. »Die sprachliche Entwicklung und Kommunikation entwickelt sich rapide vom Blickkontakt über Brabbeln zur gezielten verbalen und nonverbalen Kommunikation mit dem Umfeld. Wo wären wir heute, wenn wir durchgängig so viele neue Fähigkeiten in diesen Zeitintervallen lernen würden?«

> *— Unglaublich, was Babys im ersten Lebensjahr alles leisten. —*
>
> Susann Siegert, Physiotherapeutin

Jedes Baby ist unterschiedlich, das gilt natürlich auch für schwer zu beruhigende Babys. Sie funktionieren nicht nach Schema F. Manche weinen unstillbar schon direkt nach der Geburt, andere erst mit acht Wochen. Manche weinen zwölf Wochen, andere ein ganzes Jahr lang.

Depressive Verstimmungen

Anja Hable von der Schreibaby-Ambulanz Berlin fasst den Stress, den Mütter von viel weinenden Babys spüren, so zusammen: »Untersuchungen haben ergeben, dass Schreien von Babys als noch stressiger empfunden wird, als ein Presslufthammer direkt neben einem – das ist enormer Stress. Dazu kommen die Sorgen um und die Verantwortung für das Kind. Vielleicht hat die Mutter auch noch eine Vorgeschichte dazu, eher ängstlich oder sorgenvoll zu sein. Aber auch ganz gut aufgestellte Frauen kommen unter solchen Extremsituationen unter Stress.«

Genau diese Mütter trifft auch Dr. Susanne Hommel. Sie spricht in ihrer Praxis viel mit Müttern, die von postpartalen depressiven Verstimmungen betroffen sind.

Das betrifft mehr Frauen, als die meisten glauben. »Postpartale depressive Verstimmungen«, so Dr. Susanne Hommel, »sind kein Sonderfall. Je nach Studie sind bis zu 30% aller Mütter davon betroffen, sie sind zumindest phasenweise postpartal depressiv und/oder ängstlich verstimmt. Wie störungswertig und behandlungsbedürftig das dann ist, ist ganz unterschiedlich. Aber erst mal ist dieser Prozentsatz unglaublich hoch. Diese Mütter haben häufig noch viel mehr Schuldgefühle, weil sie wahrnehmen, dass es ihnen nicht so geht, wie es ihnen gehen sollte oder wie sie sich das gewünscht und vorgestellt haben. Und noch dazu haben sie dann oft ein ›schwieriges Baby‹, das viel weint und sich nicht gut beruhigen lässt. Das gibt der Mutter meist noch mehr das Gefühl, keine gute Mutter zu sein.«

Weil postpartale depressive Verstimmungen oft schleichend beginnen, passen sich oft auch Neugeborene daran an und schreien intensiver, um ihre Mütter zur Aktion zu animieren. Mutter und Kind beeinflussen sich hier tatsächlich gegenseitig. Je weniger du dich, aufgrund deiner Erkrankung, um dein Baby kümmern kannst, umso lauter und untröstlicher schreit dein Kind, weil es dich braucht.

Dr. Susanne Hommel erkennt im Schreien der Babys aber auch eine Chance für die Familie. Sie sagt: »Dass das Baby viel weint, ist oft Anlass und Chance, sich Hilfe zu suchen, was die Mutter aus der eigenen psychischen Befindlichkeit heraus und für sich selber vielleicht eher nicht tun würde. Aber mit einem Baby, das sehr viel weint und das man in dem Sinne als besorgniserregend erlebt, sucht man sich doch schneller Hilfe, und zwar sowohl beim Kinderarzt als vielleicht auch bei anderen Beratungsangeboten, die sich an unstillbar weinende Babys und ihre Eltern richten.«

Die gute Nachricht: Wenn du dir Hilfe für dein Baby holst, kannst du das auch für dich tun. Du schaffst das. Trau dich, beim Kinderarzt, bei der Frauenärztin oder bei der Hebamme auch darüber zu sprechen, wie es dir geht. Gutes Fachpersonal wird sich nie nur nach deinem Baby, sondern immer auch nach deinem Wohlbefinden erkundigen. Öffne dich und lass dir helfen.

Elternstimmen

Sara: »Wer aus einer traumatischen Geburt kommt, ein herausforderndes Kind hat und vielleicht sogar mit postpartalen Depressionen zu kämpfen hat, der ist einfach nur verloren. Hebammen gibt es keine, Beratungsstellen gibt es nicht genug, Termine dauern ewig und wenn man Pech hat, muss man auch noch alles selbst zahlen. Wenn es den Eltern schon nach der Geburt so schlecht geht, sie das Kind nicht richtig spiegeln können usw., dann ist es kein Wunder, wenn das Kind darauf reagiert. Es gibt sicher Kinder, die das locker wegstecken können, aber dann gibt es sensible Kinder wie meins, die selbst erst mal diesen ›Geburtsschreck‹ verkraften müssen und dabei nicht ausreichend Hilfe erhalten.«

Katharina: »Die Zeit mit Schreibaby war die Hölle auf Erden und ich wünsche sowas niemandem. Es war dunkel und kalt (Januar), da habe ich sowieso meine Probleme, und seitdem merke ich immer im Winter, wie die Traurigkeit in mir wächst.«

Svenja: »Ich war ganz allein für mein Baby verantwortlich. Mein Partner hat von Anfang an nicht geholfen. Zwei- bis dreimal in 16 Monaten hat er die Windel gewechselt. Er hat ständig gemeint, Ohren- oder Kopfschmerzen zu haben, wenn unser Sohn geschrien hat. Ich weiß nicht, warum er sich nie einband, nicht im Haushalt half oder das Kind mal auf einen Spaziergang mitnahm. Ich zog der Liebe wegen in seine Stadt. Meine Familie lebt weit weg, hier hatte ich niemanden. Erst vor einem halben Jahr fand ich eine Freundin. Also stand ich es alleine durch, stand in den ersten drei Monaten jede Nacht alle zwei Stunden auf.«

Zusammenfassung

Schreien aus Schmerzen

Babys können viel weinen, weil sie bedingt durch die Geburt osteopathische oder physiotherapeutische Hilfe benötigen. Sie sind dann in aller Regel aber keine Schreibabys. Schreien Kaiserschnittbabys viel, liegt es nicht an der Geburt.

Geduld mit dem Frühchen

Frühchen brauchen länger Zeit, um sich auf das Leben in dieser Welt einzustellen. Es ist wichtig, hier besondere Hilfen, die sogar gesetzlich vorgeschrieben sind, in Anspruch zu nehmen.

Unterschiedlicher Beginn

Der Zeitpunkt, an dem sich viel weinende Babys als solche bemerkbar machen, ist verschieden.

Hilfe in Anspruch nehmen

Bei depressiven Verstimmungen resultiert aus der Hilflosigkeit der Mutter manchmal das Geschrei des Babys. Es ist wichtig, dass ihr beide die Hilfe und Unterstützung bekommt, die ihr braucht.

Was brauchen Babys und ihre Familien?

»Willst du das Baby nicht mal ablegen?« – »Dein Baby muss auch mal lernen, allein zu sein.« – »Niemand trägt sein Baby so wie du pausenlos mit sich rum.« Und natürlich der Klassiker: »Du verwöhnst dein Baby! Das wirst du bereuen, dein Kind wird dir ganz schnell auf der Nase herumtanzen.« Aber ist es wirklich ein Fehler, wenn du auf das Weinen deines Kindes eingehst, wenn du dein Baby (wenn du es möchtest) trägst, es stundenlang im Arm hältst und kuschelst?

Für alle Babys ist Körperkontakt überlebenswichtig. Es ist ebenso ein Grundbedürfnis wie Essen und Schlafen. Dein Kind braucht dich, um sich zu spüren, um zu wissen, wo es selbst aufhört und die Welt anfängt. Gerade in der ersten Zeit fehlt deinem Baby jede Form der Begrenzung. Im Bauch war dein Körper die Grenze, an die es immer wieder stoßen konnte. Du warst, im wahrsten Sinne des Wortes, die ganze Welt deines Babys. Nun liegt dein Nachwuchs im Bett, rudert mit den Armen und nichts gibt ihm Halt. Diese Grenzenlosigkeit führt zu Hilflosigkeit und einem Gefühl, als sei es ganz allein auf der Welt. Gerade das Liegen im großen Bett im eigenen Kinderzimmer ist für viele kleine Babys eine komplette Überforderung. Dein Kind hört dich nicht, es spürt dich nicht und hat das Gefühl, es sei verlassen worden.

In deinem Baby läuft ein Programm ab, das so alt wie die Menschheit ist, denn Babys brauchten schon immer Körperkontakt und wurden schon immer getragen. Wie sonst hätten die Steinzeiteltern ihre Kinder auch schützen sollen? Niemand hat ein Baby schutzlos in der Höhle zurückgelassen, weil Kinder allein schlafen mussten. Das ist eine Idee der Neuzeit. Beruhigender Körperkontakt hingegen ist schon uralt und war schon immer wichtig, für alle Babys – und er wird es auch immer bleiben. Das hat nichts mit Verwöhnen oder nicht Loslassenkönnen zu tun, das ist einfach menschlicher Instinkt, der das Überleben sichert.

In unserer modernen Zeit wird leider allzu oft gegen den Instinkt angekämpft. Für dich und dein Baby ist es aber wichtig, dass du diese Erziehungsansätze hinter dir lässt und machst, was sich für dich gut anfühlt: Körperkontakt, Nähe, Kuscheln, Stillen oder Flaschegeben nach Bedarf, Co-Sleeping und auf die Bedürfnisse deines viel weinenden Babys reagieren.

Wenn es um die Bedürfnisse deines Babys geht, solltest du deine eigenen Bedürfnisse auf keinen Fall vergessen. Du bist genauso wichtig wie dein untröstlich weinender Nachwuchs. Denn nur wenn es dir gut geht, kannst du dich gut um dein Baby kümmern. Die Physiotherapeutin Susann Siegert appelliert deswegen: »Auch Babys haben das Recht, sich mal zu ärgern und über etwas zu meckern. Dass Mütter sich dabei schnell schuldig fühlen oder ein schlechtes Gewissen haben, liegt für mich in der Natur der Sache. Dennoch sollten sich Mütter im Klaren darüber sein, dass sie neben Mutter, Ehefrau, Tochter usw. auch noch eigenständige Personen mit Bedürfnissen sind. Es bringt niemanden voran, wenn sie ins ›Mama-Burnout‹ verfallen. Auf Eigenreflektion und Achtsamkeit sollte man hierbei achten. Als wichtig empfinde ich, dass sich Eltern mit viel weinenden Babys nicht selbst isolieren, sondern Kontakt zu anderen Menschen aufnehmen und aufrechterhalten.«

Elternstimmen

Wiebke: »Wir Mütter geben uns die Schuld am Schreien, wir sind meist den ganzen Tag allein mit diesem dauerschreienden Wesen und grübeln, warum wir nichts für unser Baby tun können ... Viele trauen sich nicht, um Hilfe zu bitten oder mit dem schreienden Kind das Haus zu verlassen.«

Sara: »Zum einen ist da natürlich der körperliche Aspekt. Ich fand beide Schwangerschaften extrem kräftezehrend, obwohl sie nicht besonders schwierig waren. Gerade die Geburt von unserem ersten Kind war eine Katastrophe und hat mich körperlich und emotional verwundet zurückgelassen. Dazu kommt der Schlafmangel, die hormonelle Umstellung, die Belastung durch das Stillen, das bei mir – wie bei vielen – in den ersten Wochen nur schlecht geklappt hat. Das alles trifft Mütter natürlich viel härter als Väter. Und dann sind Mütter in den ersten Wochen und Monaten meist allein zu Hause. Da steht ihnen dann diese riesige Erwartungshaltung gegenüber, dass sie sich komplett für ihr Kind aufopfern, nicht rummeckern und natürlich auch noch auf sich selbst achten sollen. Das klappt vielleicht mit einem Anfängerkind, das den ganzen Tag schläft, aber nie und nimmer mit einem Kind, das enorme Bedürfnisse hat. Ich habe monatelang kaum etwas gegessen, weil ich immer ein Kind auf dem Arm hatte. Dass ich dabei abgenommen habe, war natürlich meine Schuld. Wir bekommen zu wenig Unterstützung, vor allem aber zu wenig Verständnis. Wobei das auch die Väter hart trifft. Sie arbeiten den ganzen Tag, kommen nach Hause und kriegen direkt ein dauerschreiendes Kind in den Arm gedrückt.«

Deswegen vergiss dich nicht! Das fällt schwer, ich weiß das aus eigener Erfahrung. Im Leben mit viel weinenden Babys drehen sich alle Gedanken immer nur um das Kind. Aber denk auch an dich, wenigstens fünf Minuten am Tag!

Tragen schenkt Geborgenheit

Babys wurden schon in der Steinzeit getragen, weil niemand allein zurückgelassen werden konnte, schon gar keine Babys. Nun hörst du vielleicht hin und wieder, dass nur eher alternativ erziehende Eltern ihr Baby im Tragetuch oder einer ergonomischen Babytrage tragen. Das stimmt aber nicht.

Ich jedenfalls habe über das Tragen nie groß nachgedacht. Bevor mein erstes Kind geboren wurde, habe ich irrsinnig viel Geld in einen Kinderwagen investiert. Die ersten Monate mochte meine Tochter die Ausfahrten darin auch. Es war die einzige Zeit am Tag, in der sie nicht schrie – allerdings nur, wenn ich mich bewegte. Blieb ich stehen, um mich auszuruhen, fing mein Baby an zu schreien. Mich schlauchte das sehr, stundenlanges strammes Spazierengehen, nie ausruhen, keine Pause machen, bei Wind und Wetter unterwegs sein. Meine Freundinnen wollten beim gemeinsamen Spazierengehen gern auch mal eine kleine Pause auf der Parkbank einlegen, aber das ging nicht.

Durch einen Zufall bekam ich eine Trage geliehen, ich probierte sie in meiner Verzweiflung aus. Und sie half. Ich ging weiterhin viel spazieren, aber ich konnte Pausen machen, mich hinsetzen und sogar mal ein Buch auf der Bank im Park lesen. Ohne Geschrei. Wenn meine Tochter wach war und schrie, nahm ich sie immer öfter auch zuhause in die Trage und sie wurde ruhiger. Sie schrie auch weiterhin lang und ausdauernd, aber ich hatte das Gefühl, dass das Tragen ihr trotzdem Sicherheit gab.

Dann wurde mein erster Sohn geboren und ich probierte es wieder mit dem Kinderwagen, auch, weil die Tragehilfe meiner Tochter für Neugeborene nicht geeignet war. Sobald mein Sohn im Kinderwagen lag, schrie er. Untröstlich, so lange, bis ich ihn auf den Arm nahm. Ich muss gestehen, es dauerte eine Weile, bis ich verstand, dass Ausflüge mit dem Kinderwagen sinnlos waren, weil er die Trennung nicht ertragen konnte. Also kaufte ich ein Tragetuch, die gibt es gebraucht schon für wenig Geld. Eine Freundin, zufälligerweise Trageberaterin, zeigte mir, wie ich das Tuch binden musste. Und von da an war zumindest das Geschrei beim Rausgehen passé.

Beim dritten Kind habe ich den Kinderwagen irgendwann verkauft. Mein zweiter Sohn konnte von allen Kindern am wenigsten auf Körperkontakt verzichten. Wann immer er sich von uns Eltern lösen sollte, schrie er herzzerreißend. Und weil ich wusste, wie gut meinen Kindern das Tragen tat, habe ich auch mein drittes Kind getragen. Im Tragetuch, in einer Tragehilfe, immer.

Tipps zum Tragen

Ich kann dir nur raten, eine Trageberatung in Anspruch zu nehmen, wenn dein Baby untröstlich weint. Du schenkst deinem Baby Sicherheit und Nähe, dir selbst vielleicht etwas Ruhe. Der gegenseitige Körperkontakt kann auch dich beruhigen. Alle Menschen brauchen das: Nähe, den anderen spüren. Das ist etwas, das tief in uns drin ist. Und durch eine gute Beratung findest du die für dich passende Trage oder lernst das Binden eines Tragetuches.

Leider ist es nicht so – auch wenn die Hersteller gern etwas anderes versprechen –, dass sich jede Trage für jeden Körper eignet. Ich bekam von einigen Modellen starke Rückenschmerzen, probierte mich durch das Sortiment und landete schließlich bei Modellen, die mit Schnalle und Tuchelementen arbeiten. Tragetücher sind da deutlich einfacher zu benutzen, wenn du erst mal gelernt hast, wie du sie richtig bindest. Aber das ist sehr individuell. Deswegen rate ich allen Eltern, die tragen möchten, seither zur Beratung durch eine Fachperson.

Elternstimmen

Gabi: »Nur Zuwendung hat geholfen! Und ich weiß jetzt auch, warum Naturvölker das nicht kennen: Sie tragen ihre Kinder auf dem Rücken oder Bauch und das Kind hat immer Geborgenheit.«

Alma: »Stillen, Tragen, Schaukeln, Tragetuch, Kinderwagen, Singen, Hüpfen auf dem Gymnastikball, Federwiege, Autofahren. In der größten Verzweiflung auch mal Schlaftraining, ich habe alles versucht.«

Mareike: »Das Tragetuch war bei uns oft, jedoch nicht immer die Rettung. Dauerstillen war bei uns sowieso am Anfang an der Tagesordnung, daher kann ich nicht genau sagen, ob es sie beruhigt hat. Ein absolutes Rettungsmittel haben wir bis zuletzt nicht gefunden.«

Wiebke: »Wir waren bei der Kinderärztin und beim Osteopathen, hat nicht geholfen. Dauerstillen hat meistens geholfen, aber erst als ich angefangen habe, meine Tochter in einem Tragetuch zu tragen, wurde es immer besser.«

Laura: »Bei uns geht nur tragen. Nur von Mama. Und mit ordentlich Wackeln. Bloß nicht hinsetzen. Auch kein Gymnastikball oder Ähnliches. Tiefe Schritte. Ordentlich in die Knie. Fast hüpfen. Ab und zu muss dabei die Brust in den Mund. Bis sie sich verschluckt und mehr schreit. Spazieren gehen hilft manchmal. Kalte, frische Luft. Sie ist noch nie Auto gefahren. Wegen des Schreiens traue ich mich nicht. Selbst aus dem Krankenhaus sind wir 75 Minuten lang mit Zug und Bus nach Hause gefahren.«

Die sind ihr Geld in der Regel wirklich wert und du kannst manchmal sogar eine Trage für ein paar Wochen ausleihen, um zu testen, ob sie wirklich zu dir und deinem Baby passt.

Jessica und Lina, Hebammen aus Berlin erklären, warum das Tragen im Tragetuch oder einer geeigneten Tragehilfe den Kleinen so guttut: »Im Tuch werden viele Faktoren kombiniert: Nähe zur geliebten Person, das Köpfchen liegt herznah, sodass das Kind das gewohnte Geräusch hört. Bewegung, Wärme und die Spreiz-Anhockhaltung entspannen den Bauch. Alles in allem ist es ein bisschen so wie im Mutterleib. Das Ganze dann noch mit einem Schnuller (Saugen als Mittel der Selbstregulation), Schschschsch-Geräuschen der tragenden Person und Umherlaufen oder auf dem Gymnastikball-Hopsen verbunden … Kann wunderbar helfen oder eben auch gar nicht.«

Der letzte Halbsatz der Hebammen lässt vielleicht all deine Hoffnungen gleich wieder schrumpfen. Aber er zeigt auch, wie das Leben mit Schreibaby sein kann. Ein Tipp kann funktionieren, aber er muss es nicht.

Dein untröstlich weinendes Baby zu tragen, kann ich dir aber dennoch sehr ans Herz legen. Manchmal dauert es einen Moment, bis sich das Baby daran gewöhnt hat, denn diese Enge im Tuch oder in der Trage ist auch neu und wird vielleicht erstmal als störend wahrgenommen. Aber ich kann dich nur ermutigen, es auszuprobieren. Nahezu alle Eltern von Schreibabys haben mir bestätigt, dass ihnen das Tragen immerhin etwas Erleichterung verschaffte.

Alles Mögliche ausprobieren – mit viel Geduld

Wenn das Tragen manchmal, aber nicht immer hilft, wie die Hebammen sagen, gibt es dann den einen ultimativen Tipp? Leider nein. Aber es gibt verschiedene Dinge, die du ausprobieren kannst. Nicht alle auf einmal, nicht alle durcheinander. Aber natürlich kannst du alles nacheinander ausprobieren. Wichtig ist nur, eine Methode mehrere Tage lang zu versuchen. Ein einmaliges Austesten wird keinen nachhaltigen Erfolg bringen.

Vielleicht schreit dein Kind in dem Moment weniger, aber das liegt vor allem daran, dass du ihm neuen Input lieferst: Da passiert etwas Neues, das es noch nicht kennt. Da untröstlich weinende Babys aber in der Mehrzahl auch zu großer Neugier neigen, sorgt eine neue Methode erstmal dafür, dass sie ruhig sind. Weil sie fasziniert beobachten, was passiert. Fängt dein Baby nach kurzer Zeit wieder an zu weinen, versuche bitte keine zweite Methode, sondern probiere es wieder mit der, die du schon versucht hast. Es braucht mehrere Anläufe, bis du herausgefunden hast, ob dein Baby mit der Beruhigungsmethode etwas anfangen kann oder nicht. Ich kann verstehen, wenn dich das frustriert, wenn es nicht gleich klappt. Aber es hilft nur »trial and error«, Ausprobieren, Hinhören und Abwarten, so schwer dir das auch fällt.

Braucht dein Baby eine Physiotherapie?

Was bei meinem ersten Sohn gut geholfen hat, war Physiotherapie. Er schien tatsächlich Blockaden zu haben. Ich habe das erst nicht gesehen, war selbst aber kurz nach der Geburt in physiotherapeutischer Behandlung. Und der Physiotherapeutin fiel das auf. Ich ging zum Kinderarzt, bekam ein Rezept und mein Sohn Hilfe. Es ging ihm besser, allerdings hörte das viele Weinen nicht auf. Ich vermute, es lag daran, dass zwar die Blockaden gelöst wurden, das Weinen aber nicht nur durch die Schmerzen hervorgerufen wurde.

Die Physiotherapeutin Susann Siegert berichtet Ähnliches: »Aus meiner langjährigen Erfahrung weiß ich, dass eher unruhigere Babys zu einem Hypertonus der Muskulatur neigen, was sich zum Beispiel in der Neigung zum Überstrecken äußert. Nach einer Behandlung weinen die Babys oft weniger. Zum einen haben die Eltern hier den Raum, ihre Ängste, Befürchtungen und Erfahrungen loszuwerden und einen Ansprechpartner für Baby, Mutter und Familie zu finden.

Zum anderen zielt die Therapie darauf ab, die grundlegende Funktionsstörung zu beheben.«

Meist gibt es keine Strategie, die immer hilft

Ich war ziemlich frustriert, weil die Physiotherapie zwar geholfen hatte, das viele Weinen aber nicht beendete. Also probierte ich weiter. Fliegergriff, Elefantenschritte, Hüpfball. Ruhig reden, Verständnis zeigen, »da sein«. Den sogenannten »White Noise«, also immer gleichbleibende monotone Geräusche, habe ich selbst nicht ertragen und deswegen weggelassen. Ich probierte aus, was bei meiner Tochter funktioniert hatte: so lange sinnlos reden, bis das Kind einschläft. Ich hatte mit nichts dauerhaften Erfolg. Und wurde immer verzweifelter, weil die eine Woche das Hüpfen auf dem Ball half, in der nächsten Woche das Ausziehen der Socken. Es gab kein vorhersagbares, zuverlässiges Muster, was meinem Kind half, sich zu beruhigen. Jede Woche half etwas anderes, ich musste Woche für Woche etwas Neues ausprobieren.

Gleiches galt für mein drittes Kind, auch hier gab es keine erkennbare Beruhigungsstrategie, die immer half. Aber mir half mein drittes Kind dadurch zu verstehen, dass ich nichts falsch gemacht hatte. Ja, ich brauchte drei Schreibabys, um zu erkennen: Es ist nicht meine Schuld, ich habe getan, was ich konnte.

Die Physiotherapeutin Susann Siegert kann meine Erkenntnis nur bestätigen: »Jede Entstehungsgeschichte, Schwangerschaft und auch Geburt ist individuell. Wir haben alle unterschiedliche Strategien, unsere Kinder zu beruhigen. Auch die Babys sind individuell und benötigen unterschiedliche Zuwendung. Wir haben alle die Erfahrung gemacht, dass eine Beruhigungsmethode des Vortages nicht zwingend am nächsten Tag mit gleichem Erfolg wieder funktioniert. Und da reden wir von ein und demselben Kind. Wie kann das dann von Kind zu Kind funktionieren?«

Elternstimmen

Katja: »Flasche statt Brust (noch im Krankenhaus), falls er nicht satt wird. Familienbett. (Einschlaf-)Stillen und viele Stunden mit ihm in der Trage laufen, damit er schlafen kann (was tatsächlich etwas Linderung brachte), Federwiege (hat nicht funktioniert), Schnuller (wurde nie genommen), Kinderwagen (hat eine kurze Zeit geholfen), wärmer und dünner anziehen, pucken (hat am Anfang ganz gut geholfen), Baby-Massage (ein Desaster), Fliegergriff, entschäumende Medikamente (haben auch nie so richtig was gebracht), ärztliche Beratung (Ergebnis: ›Dreimonatskoliken, da müssen Sie einfach durch‹).«

Juli: »Mir hat die innere Haltung geholfen. Dass man das Schreien akzeptiert. Nicht jeden Abend Angst davor hat und es dadurch ›herbeibeschwört‹ bzw. schlimmer macht. Und ganz wichtig: Dass die Eltern an einem Strang ziehen, sich in dem Problem auch mental unterstützen und sich austauschen. Es hat mir auch geholfen, von anderen zu lesen, die auch Schreibabys haben.«

Laura: »Egal was man probiert, man sollte es nicht nur einmal probieren. Die Minis müssen sich an alles erstmal gewöhnen oder haben 'nen schlechten Tag oder, oder, oder. Und das Ganze nicht nur beim Schreien testen, sondern auch vorher, damit die Kleinen das schon kennen und nicht in ihrer Situation noch mit etwas Neuem konfrontiert werden.«

Alexander: »Es fühlte sich schlimm an, wenig tun zu können. Das Kind sanft wiegen, die Titelmelodie von ›Star Wars‹ summen, das Baby stundenlang durch die Wohnung tragen, Kinderlieder singen – ich probierte alles aus. Wenn das Baby dann eingeschlafen war, war ich meist fix und fertig.«

Nähe, Nähe, Nähe

Ich habe mir nicht vorstellen können, wie viel Nähe schwer zu beruhigende Babys benötigen. Es ist natürlich klar, dass alle Neugeborenen viel Körperkontakt brauchen. Den vertrauten Herzschlag, den sie aus dem Mutterleib kennen, Wärme, Schutz, Geborgenheit. Aber dass es mein Baby und mich nur noch als Einheit gab, 24 Stunden am Tag, sieben Tage die Woche, war mir vorher nicht klar. Ich beneidete andere Eltern darum, dass sie ihre Kinder auch mal ablegen konnten, um fünf Minuten durchzuatmen, für sich zu sein, ohne dass die Kleinen sofort anfingen zu weinen. Versteh mich nicht falsch, natürlich fand ich das Kuscheln mit meinen Kindern schön. Aber nicht permanent. Ich bin ja auch ein eigenständiger Mensch, der gern mal für sich ganz allein ist. Nichts hören, nichts sehen, nichts fühlen, ich brauche das, um meinen Akku wieder aufzuladen und dann für die Bedürfnisse meiner Familie wieder da zu sein. Gerade mit viel weinenden Babys ist das aber nicht drin, weil permanenter Körperkontakt ihnen die Rückversicherung gibt, dass jemand da ist, sie hört und ihren Kummer annimmt. Manches Mal haben mein Kind und ich zusammen geweint, das Baby aus Kummer oder Frust, ich aus Überforderung wegen dieser großen Nähe.

Wenn es dir geht wie mir und du dir eine Pause vom überwältigenden Nähebedürfnis deines Babys wünscht, dann hilft es vielleicht zu wissen, dass du nicht allein bist. »Diese Überforderung mit dem Nähebedürfnis des Kindes erleben wir nicht nur bei Eltern von ›Schreibabys‹«, sagen die Hebammen Jessica und Lina vom Hebammenteam Erdmutter. »Das scheint ein Problem der heutigen Gesellschaft zu sein. Wir sind unser schnelles, autonomes, selbstbestimmtes Leben gewohnt. Die Entschleunigung und Fremdbestimmung, die das Wochenbett und ein Kind mit sich bringen, sind für viele herausfordernd. Hier durchleben die Eltern häufig den Umstellungs- und Anpassungsprozess. Dann empfehlen wir ein Tragetuch oder Tragesystem, da es einen guten Kompromiss ermöglicht. Das Kind kann getragen werden und bekommt die Nähe, die es möchte. Mutter oder

Vater haben die Hände frei, können sich bewegen und andere Dinge erledigen. Ansonsten empfehlen wir, sich Hilfe und Unterstützung zu holen und Familie und Freunde einzuspannen. Es findet sich sicherlich jemand, der gerne ein paar Stunden mit dem Baby kuschelt oder es im Tragetuch ein bis zwei Stunden um den Block trägt.«

Das »Sicherlich« der beiden Hebammen würde ich so nicht unterschreiben, auch wenn ich dir wünsche, dass du Unterstützung in dieser Form hast. Aber vielleicht beruhigt es dich, wenn du weißt: Nicht nur du bist mit dem Nähebedürfnis deines Kindes überfordert. Anderen Eltern geht das auch so.

Die Zeit des Kuschelns ist wichtig für die Kindesentwicklung, die Bindung und das Urvertrauen.

Susann Siegert, Physiotherapeutin

»Das Suchen der körperlichen Nähe sehe ich als Anfrage des Kindes, ob alles noch in Ordnung ist«, sagt Physiotherapeutin Susann Siegert. »Diese Anfrage kann auf verschiedenen Ebenen beantwortet werden – das Baby akzeptiert in diesen Fällen oftmals nur die körperliche Ebene. Eine komplette Selbstaufgabe der Eltern ist dabei nicht zielführend. Es ist anstrengend und – wie immer – die gesunde Mischung macht's.«

Wie diese gesunde Mischung für dich aussieht, das kannst nur du entscheiden. Höre immer wieder in dich hinein, ob die momentane Situation für dich noch stimmig ist. Denn so blöd wie ich diesen Satz auch finde, es ist etwas Wahres dran: »Geht's der Mutter gut, geht's dem Kind gut.« Es sollte eine gute Balance geben zwischen dem, was dein Baby zur Beruhigung und Rückversicherung braucht, und dem, was du ertragen kannst.

Deine Stimmung überträgt sich auf dein Baby

Was es so schwer für uns Eltern macht, ist die Abhängigkeit des Babys von uns. Denn natürlich bist du dafür verantwortlich, dass es deinem Kind gut geht, dass es gut versorgt ist, dass alle Bedürfnisse befriedigt werden. Wenn du dich selbst dabei vergisst, dann gerät aber euer gemeinsames Leben in eine totale Schieflage. »Unser kognitiv geprägtes Denken macht es uns schwer, mit einem rein körperlich und seelisch agierenden Säugling zu kommunizieren«, sagt Jeannine Ernst, Heilpraktikerin für Psychotherapie und Schreibabyexpertin. »Körperkontakt kann sich sehr überfordernd für das Kind anfühlen, wenn es Kontakt mit einem übererregten ängstlichen Organismus hat. Hingegen ist ein ruhiger Organismus ein ideales Medium für die Co-Regulation. Hier kann das Baby den Fels in der Brandung spüren und ebenfalls allmählich zur Ruhe kommen.«

Dein Baby spürt deine Anspannung sehr genau und im schlimmsten Fall geratet ihr beide dann in eine Spirale, die schwer aufzulösen ist: Das Baby weint, du bist aufgeregt, das Baby spürt das und weint, weil es deine Anspannung spürt. Du hast vielleicht Angst vor dem erneuten unstillbaren Weinen oder davor, dass du dein Kind nicht beruhigen kannst, oder vor dem Gefühl, keine gute Mutter zu sein, weil dein Baby so viel weint.

Ich war angespannt, weil ich immer Angst vor dem nächsten Geschrei hatte. Vor allem, weil ich ja nie wusste: Wird das jetzt eine kurze Unmutsbekundung oder stundenlanges Brüllen. War ich besonders gestresst (weil wir einen Arzttermin hatten oder ich die Geschwister rechtzeitig aus der Kita abholen musste), waren also andere Menschen involviert, wurden meine Kinder immer eher ruhig. Die Anspannung entlud sich, sobald wir wieder zuhause allein waren. Da folgte dann, in dem Moment, in dem sich meine Anspannung löste, Geschrei, sehr ausdauernd, untröstlich, laut. Bei uns half nur: im Arm halten, über den Rücken streichen und da sein.

Elternstimmen

Alma: »Ich denke, die Ursache für das Dauergeschrei lag in seinem großen Bedürfnis nach Nähe, dem starken Empfinden sämtlicher Emotionen sowie der fehlenden Fähigkeit zur Selbstregulation.«

Michelle: »Diese Phasen des 24-Stunden-Hautkontakts plus Dauerstillen sind mir noch gut in Erinnerung. Oft konnte ich mein Kind gar nicht ablegen. Nicht mal zur Toilette oder etwas essen konnte ich. Ich perfektionierte das Essen mit Kind an der Brust. Ab 15 Uhr fing das Clusterfeeding an und nahm kein Ende. Das Gefühl, wir zwei wären zu einem Menschen geworden, kam da recht oft auf. Nicht selten dachte ich daran, abzustillen, weil es an den Kräften zehrte und auch kein Ende in Sicht war. Doch dann dachte ich an unseren schwierigen Start, die schönen innigen Momente, wenn der Zwerg in meinem Arm schlief. Wenn wir nicht gestillt haben, trug ich den Zwerg mittels Tragehilfe durch die Welt (das ist heute noch so).«

Melanie: »Tragen, tragen und tragen im Tragetuch. Mit Körperkontakt ging es meinem Sohn immer besser als ohne und vor allem musste er uns sehen und hören.«

Yvonne: »Anfangs konnte nur ich helfen, nach einigen Monaten ging ausnahmsweise auch mal Papa. Ansonsten waren wir quasi immer eins. Auch heute noch braucht das Kind viel Körperkontakt. Und damals wie heute: Ich genieße es. Nach einiger Zeit wird es mir aber zu viel und ich bekomme Platzangstgefühle. Noch heute kann ich Körpernähe von anderen nicht gut ertragen. Das war vor dem Kind definitiv anders.«

Brummen, Zischen und Massieren

Bist du auch schon brummend oder zischend durch deine vier Wände gelaufen, in der Hoffnung, damit dein weinendes Baby zu beruhigen? Ich las, dass vor allem Zisch-Laute Babys beruhigen würden, weil sie sie an die Zeit in der Gebärmutter erinnerten. Da gurgelt der Darm, da rumort der Magen, das Blut pulsiert. All das könne man, wenn das Baby weint, versuchen zu imitieren. Also schleppte ich mich durch unsere Wohnung, vor mich hin brummend, singend, schaukelnd, wiegend. Meine Arme wurden lang und länger, mein Kind weinte weiter. Ganz nah am Herzen trug ich jedes meiner Kinder, weil das Wahrnehmen des elterlichen Herzschlags das eigene Kind beruhigen müsste. Vor lauter Geschrei haben meine Kinder das vielleicht aber gar nicht gehört.

Eltern von Schreibabys entwickeln jede Menge Ideen dafür, ihre Kinder zu beruhigen. Manches klappt, manches scheitert. Und oft hilft, so frustrierend das ist, auch nur Aushalten, dein Baby durch das Weinen zu begleiten, da zu sein. Ich erinnere mich, dass ich meiner Tochter stundenlang irgendwelche Geschichten erzählt habe. Manchmal war ich so müde, dass ich eigentlich nur Wörter aneinanderreihte, ihr zu verstehen gab, dass ich nicht aufhören würde zu reden, bis sie ruhig wäre. »In den Schlaf quatschen« nannte mein Mann das. Meiner Tochter half es. Während sie anfänglich auf mir lag und schrie, wurde sie durch mein monotones Gebrabbel immer ruhiger und ruhiger und schlief schließlich irgendwann ein. Und dann auch durch.

Das gelang allerdings nur mir, bei meinem Mann hatte diese Methode überhaupt keinen Erfolg. Ich vermute, es lag daran, dass er zu viel über seine Worte nachdachte. Mir war egal, was ich erzählte, anfangs waren es Geschichten (ich wünschte, ich hätte das aufgezeichnet), irgendwann waren es nur noch Wörter, alles, was mir in meiner Übermüdung so einfiel. Weil sich meine Tonfolge nicht änderte und ich auch nie den Anspruch hatte, etwas Tolles zu erschaffen, lullte genau das mein Kind vermutlich ein. Ihre Brüder hingegen konnten mit

Was brauchen Babys und ihre Familien? | 63

dieser Art der Beruhigung überhaupt nichts anfangen und schrien sich immer weiter in Rage. Was du hier sicher schon erkennst: Es gibt weder die eine Lösung für alle, noch passt eine Lösung für alle Kinder einer Familie.

Kleine Hilfen

Ich habe alle meine Kinder massiert. Als sie acht Wochen alt waren, habe ich damit angefangen, ganz sanft, nur kurz, aber täglich. Meine Hebamme hatte mir die Griffe für die Harmonische Babymassage nach Bruno Walter gezeigt, ich erweiterte Schritt für Schritt das Repertoire. Und ich hatte immer das Gefühl, dass die Kinder das mochten. Ihnen gefielen die ganz langsamen Bewegungen, das Ausstreichen und auch die tägliche Wiederholung. Ich mochte den Kontakt und auch, dass sie während der Massage nie weinten. Es tat uns also beiden gut, brachte wenigstens kurz Ruhe in unseren lauten Alltag, denn der war bestimmt von Geräuschen unterschiedlichster Art.

Das »Ssssscccchhhhh«-Zischen, dass viele Eltern von sich geben, um ihre Babys zu beruhigen, habe natürlich auch ich bis ins Letzte perfektioniert. Es sollte liebevoll klingen, ich wollte meinem Kind ja nicht den Mund verbieten, sondern beruhigend gleichmäßige Laute ausstoßen. Mein Mann war eher ein Brummer, tief und monoton »mmmmhhhhhmmmm« brummend lief er, das Baby im Arm oder im Fliegergriff, durch unsere Wohnung. Wir Eltern sprachen oft gar nicht miteinander. Und ich muss gestehen: Mir ging all dieses Gezische, Gemurmel und Gebrumme schon sehr an die Substanz, weil es nicht wirklich viel bewirkte. Deswegen habe ich es auch nicht mit Geräusche- oder White-Noise-Apps versucht. Noch mehr Geräuschkulisse, wie monoton auch immer, hätte ich schlicht nicht ertragen. Und zumindest für meine Kinder schien es auch keinen Unterschied zu machen. Wenn ich heute darüber nachdenke, bin ich nicht mal sicher, ob wir Eltern uns in unserer Hilflosigkeit nicht nur selbst auf diese Weise beruhigt haben.

Elternstimmen

Michelle: »Wir haben viel im Fliegergriff getragen, frische Luft, Spaziergänge, stillen, Nähe gegeben, ruhige Musik und die Lieblingsspieluhr aufgezogen. Auch saßen wir einfach nur da, ich habe geschunkelt und beruhigende ›Sch‹-Laute von mir gegeben.«

Katja: »Vielleicht ist es wichtiger, den Eltern zu sagen, dass sich das manchmal auch schnell wieder ändern kann und man neue Dinge finden muss. Wenn man das vorab schon weiß, fühlt man sich ggf. nicht so verzweifelt, wenn plötzlich etwas, das die letzten Tage oder Wochen super geklappt hat, nicht mehr funktioniert.«

Einen meiner Söhne ließ ich, auf Anraten der Physiotherapeutin und des Kinderarztes, auch physiotherapeutisch behandeln, denn er konnte sich nur eingeschränkt in eine Richtung bewegen, drehte sein Köpfchen immer nur nach rechts. Während der Behandlung schrie mein Sohn und mir liefen die Tränen, weil ich das alles nicht aushalten konnte. Direkt nach der Massage schlief das Kind, meist schaffte ich es nicht mal mehr, ihn wach ins Tragetuch zu heben. Ich hatte das Gefühl, dass es ihm für den Anfang geholfen hat, dass die Blockaden, die es wirklich gab, gelockert wurden. Allerdings verschwand das Schreien dadurch nicht, sondern es ging noch monatelang weiter. Und manchmal half alles Brummen, Summen und Zischen nichts. Da schrien die Kinder trotz Fliegergriff, Hüpfball und Massage. Sie ließen sich nicht beruhigen und ich habe alles verflucht.

Auch Mama hat Bedürfnisse

Zu den Bedürfnissen eines Babys gehören, das klang ja bereits an, auch immer die Bedürfnisse der Eltern. Denen habe ich ein eigenes Kapitel (Seite 107) gewidmet. An dieser Stelle möchte ich nur auf einen besonderen Aspekt eingehen, auf die Körperarbeit für Eltern. Es ist nämlich überhaupt nichts Falsches oder Egoistisches daran, wenn du dich um dich und deinen Körper kümmern möchtest. Gerade hast du über Massagen für Babys gelesen, dann schließt sich natürlich die Frage an: Gibt es das nicht auch für Mama?

Gibt es, selbstverständlich. Nur wird es vermutlich die allermeisten Mütter überfordern, in ihrem Alltag mit viel weinendem Baby noch einen Termin für eine Massage unterzubringen. Wie soll das überhaupt gehen, wenn der Nachwuchs bei der Trennung von Mama doch immer weint? Hier lohnt es nachzuschauen, ob in deiner Umgebung vielleicht eine Massage angeboten wird, bei der dein Kind dabei sein kann. Ich habe von Wochenbettmassagen gelesen, die Hebammen oder Physiotherapeutinnen zuhause durchführen. Manche Hebammenpraxen bieten so etwas auch an, um dir zu helfen, dich in all dem Stress nicht ganz zu vergessen.

Eine entspannte Mama tut dem Baby gut

Jeannine Ernst, die viel mit Schreibabys und ihren Eltern arbeitet, weiß, dass der körpernahe Ansatz vielen Babys guttut. Allerdings anders, als du vielleicht denkst. Denn sie hat erfahren, dass es Babys beruhigen kann, wenn die Eltern sich entspannen. »Ich biete eine körperorientierte Begleitung an, das heißt, ich arbeite ganz viel mit dem Stressniveau der Familie, der sich im Körper vom Kind und von den Eltern niederschlägt. Ich leite die Familien an, Stück für Stück in die Entspannung zu kommen. Dies schlägt sich meist rasch im Erregungslevel vom Kind nieder. Es ist dann einfacher, sich zu beruhigen, wenn die Eltern nicht auch noch außer sich sind. Ich gebe den Eltern durch geeignete Berührungen und Massagen und außerdem durch meine wertfreie Präsenz den Halt, den sie zuvor verloren haben.«

Natürlich ist es nicht leicht, entspannt zu bleiben, wenn das Baby unstillbar weint. Eltern haben mir berichtet, dass sie sich gar nicht fallen lassen können, aus Angst, dass ihr gesamtes Leben zusammenbricht, wenn sie sich ihre Erschöpfung eingestehen. Und das kann bei der Körperarbeit natürlich passieren.

Auch Anja Hable von der Schreibaby-Ambulanz Berlin verfolgt einen körpernahen Ansatz: »Wir arbeiten hier viel mit Körperarbeit, um der Mutter und dem Kind neue Erfahrungen zu ermöglichen. Die Eltern, die hierherkommen, sind oft total am Ende. Und trotzdem mobilisieren gerade Mütter enorme Kräfte und nehmen sich dann hier trotzdem noch zusammen. Um sich zusammenreißen zu können, dürfen sie nicht so viel spüren. Um die Anspannung nicht zu spüren, macht der Körper sich ganz hart, weil sie sonst das Gefühl haben, zusammenzubrechen. Ich versuche vorsichtig, ihnen zu erlauben, sich zu entspannen. Und die Gefühle, die frei werden, werden hier gehalten. Mütter dürfen bei mir weinen oder wütend werden, sie werden wohlwollend und emphatisch begleitet. Das entlastet den Körper und die Psyche und reicht oft schon für Mutter und Kind, um sich besser zu entspannen. Das ist das Ziel, dass beide sich hier entspannen.«

Den eigenen Körper wieder zu spüren und wahrzunehmen, dauert oft eine Weile, weil du so unter Anspannungen stehst. Dazu kommt, dass du dich vielleicht auch gar nicht so wohlfühlst. Du kannst dich nicht, wie du es vielleicht gewohnt bist, um dich, um den Haushalt, um deine Beziehung kümmern. Alles wird deinem unstillbar weinenden Baby untergeordnet. Und das kann für Frust sorgen. »Denn«, so Jeannine Ernst, »unsere Gesellschaft bietet uns derzeit so wenige Möglichkeiten, um zu bekommen, was eine umsorgende Mutter benötigt, um täglich aufs Neue einem Baby feinfühlig und prompt zu antworten. Es gibt dieses afrikanische Sprichwort: Um ein Kind zu erziehen, braucht es ein ganzes Dorf. Dieses Dorf fehlt.«

Und wenn du dich um alles allein oder nur mithilfe deines Partners oder deiner Partnerin kümmern musst, dann kann das zu großer

Unzufriedenheit führen. Dein Baby spürt dies, und ihr begebt euch im schlimmsten Fall in einen Kreislauf aus Anspannung, der sich dann hochschaukelt und dem ihr beide nicht entfliehen könnt. Deswegen mein Rat: Sprich es wenigstens aus, was dich frustriert. Scheib deine Wünsche auf, schrei sie im Wald den Bäumen zu. Manchmal hilft das schon, auch wenn ein Tag ohne Geschrei, mit viel Schlaf und einer Massage vielleicht mehr das ist, was du wirklich brauchst. Tu, was du in dem Moment für dich tun kannst. Ohne Druck, denn alles darf gesagt und gedacht werden. Du musst dich nicht um eine Lösung kümmern, die es vielleicht gar nicht gibt. Aber es kann ein erster Schritt sein, dir bewusst zu machen, was du gerade dringend brauchst.

Elternstimmen

Julia: »Manchmal hätte ich meinen Körper schon gern wieder für mich gehabt. Allerdings nicht, weil mein Baby viel geweint hat, sondern weil ich mit meinem Körper unzufrieden war und gern anderweitig an ihm gearbeitet hätte, statt ihn mit Gemüse vollzustopfen. Und Still-BHs sind auch nicht gerade sexy.«

Daniela: »Es gab in mir nichts mehr, das von mir übrigblieb, alles drehte sich um meinen Sohn. Und egal was man versuchte, damit er weniger schrie, es nützte nichts. Diese Hilflosigkeit und (vermeintliche) Ausweglosigkeit war mit am schlimmsten.«

Melanie: »Das Dauerstillen auch im 6. Monat noch hat mich körperlich sehr geschlaucht und ehrlich gesagt an meine Belastungsgrenzen gebracht.«

Auch Geschwister leiden unter dem Geschrei

Nicht alle Schreibabys haben Geschwister. Gerade wenn das erste Kind ein Baby ist, das unstillbar weint, verschieben viele Eltern die Familienplanung auf unbestimmte Zeit, manchmal sogar für immer. Viele glauben, es nicht noch ein zweites Mal zu schaffen. Wenn der Kinderwunsch noch vorhanden ist, aber die Angst vor einem zweiten (oder dritten …) viel weinenden Baby größer ist, ist das sehr traurig.

Ich muss gestehen, dass ich gar nicht auf die Idee gekommen bin, dass in eine Familie mehrere untröstlich weinende Babys hineingeboren werden könnten. Ich habe mich schlicht nicht damit beschäftigt und es gibt auch keine Forschung dazu. Nun habe ich drei Kinder und alle waren Schreibabys. Als Mutter kam ich damit irgendwie zurecht, mir blieb ja wenig anderes übrig.

Reaktionen der Geschwister

Was ich mir aber immer gewünscht hatte, waren Tipps für die Geschwisterkinder. Denn auch denen geht, so jedenfalls mein Eindruck, das Schreien an die Substanz. Anders als uns Eltern, weil da Hormone keine Rolle spielen. Aber auch kleine Kinder möchten nicht, dass ein Baby viel weint. Vielleicht, weil es ihnen zu laut ist und sie nicht gut mit Krach umgehen können, oder weil sie es nicht ertragen, dass es dem Baby »schlecht« geht. Sie haben gelernt, dass das Weinen einen Grund hat. Meine Kinder wollten immer helfen, das Geschwisterkind zu beruhigen. Auch sie brummelten Beruhigendes, streichelten das rot angelaufene Baby, schenkten Nähe und Aufmerksamkeit. Ich konnte ihnen nur erklären, dass das Geschwisterchen eben so war, wie es war, dass wir Eltern uns aber kümmern und auch den Kummer sehen, den das Geschrei bei den Älteren verursacht.

»Ich bin mir gar nicht sicher, ob das laute Geschrei der Babys den Geschwisterkindern an die Substanz geht oder ob sie eher spüren, dass darin so wenig Platz für sie selbst bleibt. Vielleicht merken sie auch, wie sehr sich ihre Eltern auflösen, und das vermittelt ihnen Unsicherheit. Je nach Alter kann es sein, dass das Aufgebrachtsein der Eltern dazu führt, dass sie allerlei Verhaltensweisen hervorbringen, wie starkes Klammern, höhere Bedürftigkeit, Trennungsangst, Wut, Trotz, Beißen, das Baby attackieren usw.«, sagt Schreibabyexpertin Jeannine Ernst.

Meine Kinder waren vor allem besorgt und wollten sich kümmern. Da war keine Wut, keine Aggression. Vielleicht haben sie gespürt, dass wir Eltern bereits so am Limit sind, dass wir mehr gar nicht aufnehmen können. Und doch habe ich als Mama natürlich sehr gelitten, weil ich für die Größeren nie so da sein konnte wie für das Jüngste. Ich habe mich um meine Babyzeit und um die Geschwisterzeit betrogen gefühlt. Meine Kinder ließen mich das nie spüren, sie betrachteten ihre Geschwister immer als ein Geschenk. Bei ihnen war die Sorge um das Baby, um uns Eltern größer als die Eifersucht. Aber natürlich ist das von Familie zu Familie verschieden und ich habe in dem Fall einfach Glück gehabt.

Aktionen für die Großen

Da ich durch das jeweilige Schreibaby immer sehr stark eingespannt war, hat mein Mann viel mit den Größeren unternommen. Sie sollten sich nicht zurückgesetzt fühlen und auch aus der Situation herauskommen.

»Viele Elternteile«, bestätigt auch Jeannine Ernst, »schaffen es ganz gut, sich aufzuteilen, um auch dem größeren Kind genügend Raum und damit Sicherheit zu geben. Grundsätzlich gilt auch hier, dass gut versorgte Eltern das Geschwisterkind in dieser Turbulenz besser auffangen können. Sie sollten die Großeltern, sofern verfügbar, so oft wie möglich buchen. Vielleicht kann es hilfreich sein, sich einen Gehörschutz, solche bunten Micky-Mäuse, zuzulegen, damit das laute schrille Schreien etwas abgedämpft wird. Das empfehle ich durchaus auch Eltern, damit sie, wenn ihnen die Nerven ohnehin schon blank liegen, nicht auch noch zusätzlich enorm gereizt werden. Sie können damit auch weiterhin noch hören, aber eben gedämpft.«

Einmal Schreikind, immer Schreikind?

Solltest du über ein weiteres Kind nachdenken und Sorge haben, dass es wieder ein schwer zu beruhigendes Baby wird, kann ich dir nur sagen: Diese Angst kann dir niemand nehmen. Es kann sein, dass deine Familie noch einmal durch dieses Tal der Tränen und Erschöpfung gehen muss. Es kann sein, dass du im nächsten Anlauf ein sehr pflegeleichtes, ruhiges, zufriedenes, ausgeglichenes Baby bekommst. Niemand weiß das, es lässt sich dazu keine verbindliche Aussage treffen und es gibt auch keine Forschung dazu. Jedes Kind ist anders, jede Familiensituation ist individuell und auch Schwankungen unterworfen.

Aus meiner Erfahrung heraus kann ich nur sagen: Das Schreien der Kinder geht immer an die Substanz. Aber mit jedem Baby wurde es für mich leichter zu akzeptieren, dass es nicht meine Schuld ist, dass meine Kinder viel weinen und sich schwer beruhigen lassen. Ich empfinde das als heilsam, weil ich so wirklich verstanden habe, dass nicht Eltern die Schuld daran tragen, wenn ihre Kinder so viel schreien.

Keiner versteht mich

»Ich weiß gar nicht, was du hast, dein Baby ist doch so friedlich!« Dieser Satz klang für mich immer wie ein Vorwurf. Denn es schwang mit, dass ich übertriebe, wenn ich vom Dauergeschrei meiner Kinder berichtete. Es stimmte, jedes meiner Kinder war auffällig ruhig, sobald andere Menschen zu Besuch waren. Dann schlief es entweder oder betrachtete alles neugierig. Es dauerte eine ganze Weile, bis ich selbst einen Zusammenhang herstellen konnte zwischen viel Besuch und anschließendem anhaltendem Geschrei. Aber gerade weil viel

Elternstimmen

Laura: »Ich hatte gehofft, mein Baby schläft auch mal auf dem Sofa neben mir. Oder auf Papa. Für mich gibt es gerade nur Baby. Ich vermisse mein erstes Kind und mein erstes Kind vermisst mich. Aber es geht nicht. Oder kaum, leider. Darum ist mein Mann jetzt ›ausgezogen‹ und mein ältestes Kind schläft bei mir und dem Baby. Ein bisschen Nähe, ein bisschen Mama. Wenigstens das. Mit allem anderen komme ich klar, aber zu sehen, wie mein größeres Kind leidet, auch wenn er das unglaublich toll macht, das schmerzt.«

Svenja: »Freundinnen, die meinen Sohn schreien hörten, sagten zu mir: ›Wäre mein erstes oder zweites Kind so wie deins, hätte ich heute keine drei Kinder!‹«

Alexander: »In der Zeit, in der meine Frau sich um das Baby gekümmert hat, habe ich mich um das Geschwisterkind gekümmert. Ich hatte das Gefühl, dass die Beziehung zu meinem älteren Kind in dieser Zeit intensiver wurde. Ehrlicherweise war das schlechte Gewissen auch immer da und ich hatte auch immer Angst, mein älteres Kind zu vernachlässigen, weil sich fast alles um das schreiende Baby drehte.«

weinende Babys oft in Gesellschaft besonders zufrieden und aufmerksam wirken, können sich Außenstehende gar nicht vorstellen, was Eltern so erleben. »Wenn man noch kein Kind bekommen hat, weiß man nicht, wie eine Geburt ist. Man weiß auch nicht, wie es ist, ein Schreibaby zu haben, wenn man es nicht (mit-)erlebt hat«, fasst es Anja Hable von der Schreibaby-Ambulanz in Berlin ganz prägnant zusammen.

Nur: Viele Menschen haben eine Meinung zu Kindern und zu Eltern. Oft werden insbesondere Mütter, die von ihrer Überforderung berichten, dann kleingemacht. Alle Babys weinen, wird dir vielleicht gesagt, oder dass du nicht so empfindlich sein sollst, wenn dich das Weinen überfordert. Dabei bist du nicht empfindlich. Zum einen ist die Grenze dessen, was jede ertragen kann, ganz unterschiedlich. Und zum anderen lassen sich Schreibabys nur schwer beruhigen.

Wo bei anderen Babys die Nähe und ein Streichen über den Rücken hilft, musst du viel mehr Aufwand betreiben, um deinem Kind zu signalisieren, dass du da bist. Bei meinem ersten Kind war alles noch neu, ich hatte in der Schwangerschaft viele Bekannte gefunden, die auch zum ersten Mal Mutter geworden sind, wir sprachen viel. Mir fiel schon auf, dass die anderen Babys zufriedener wirkten, weniger und auch weniger laut weinten. Aber ich dachte, dass seien alles Momentaufnahmen. Und außerdem schlief meine Tochter dafür schon recht früh durch. Ich dachte also tatsächlich, dass man als Eltern eben nicht alles haben kann.

Schreibabys machen einsam

Ich merkte aber auch, wie ich mich, je älter meine Kinder wurden, umso mehr abkapselte, weil die anderen Babys mit zunehmendem Alter weniger weinten, während bei uns davon überhaupt nicht die Rede sein konnte. Es war gleichbleibend schlimm, keine Besserung in Sicht. Bei den Geschwistern vereinsamte ich mehr und mehr, weil ich die Sprüche und die Blicke nicht mehr ertrug. Alle signalisierten mir, dass ich doch mal etwas unternehmen sollte, damit das Kind nun endlich still wäre. Aber es half ja nichts. Deswegen igelte ich mich mehr und mehr zuhause ein, verabredete mich kaum, lud niemanden mehr ein.

Manchmal blieb ich mit den Kindern und den anderen Müttern nach dem Kindergarten noch auf dem Spielplatz, weil das jüngste Kind im Tragetuch meist schlief und ruhig war. Den Heimweg brachte ich dann oft schweißgebadet hinter mich. Nicht immer gelang es mir, die Zeit abzupassen und zu gehen, bevor die Anspannung im Baby zu groß wurde. Ich fühlte mich, insbesondere in den Elternzeiten mit meinen beiden Söhnen, einsam und getrieben. Andere Eltern konnten nicht verstehen, was ich ihnen vom schreienden Baby im Tuch und von meiner Erschöpfung erzählte. Allzu oft lobten sie mich, wie ausgeruht ich doch aussähe, während ich die Augen kaum noch offenhalten konnte.

Ich glaube, dieser ganze Mütterkult, diese Idee, dass wir Frauen das schon alles irgendwie wuppen, sorgt dafür, dass wir uns einsamer fühlen, als wir es müssten. In mir gab es auch den Wunsch, meine Kinder beim Schreien zu filmen, um anderen irgendwie zu beweisen, wie es bei uns zuhause wirklich ablief. Denn all die Aufmunterungen und Sprüche trafen mich. Ich hatte das Gefühl, dass andere dachten, dass ich übertreibe. Wieso ich die Anerkennung der anderen überhaupt nötig hatte, darüber denke ich heute nicht mehr nach. Erschöpfte Eltern haben manchmal wenig rationale Gedanken.

Zuhören und Verständnis helfen

Aus diesen Erfahrungen heraus gehe ich anders mit Menschen um, die sich mir öffnen. Eltern, die mir von ihrer Verzweiflung erzählen, höre ich einfach nur zu. Gerade Erstlingseltern glauben, dass Mehrfacheltern goldene Tipps für das Leben mit (Schrei-)Babys haben. Leider ist dem nicht so, wir kochen alle nur mit Wasser und machen es so gut, wie wir können. Aber das, was Eltern am meisten brauchen, ist ein offenes Ohr, damit sie von ihren Sorgen und Nöten erzählen können.

Wenn ich befreundeten Eltern begegne, die erschöpft sind, frage ich, ob ich etwas für sie einkaufen soll oder ihnen das Baby kurz abnehmen kann. Ich versuche, das zu geben, was ich mir damals auch gewünscht hätte: ein bisschen Erleichterung im Alltag. Ich habe auch gelernt, dass ein »Melde dich, wenn du etwas brauchst« sehr selten angenommen wird. Die Hürde dafür, wirklich um Hilfe zu bitten, ist einfach zu hoch. Eine Freundin ließ mir in einer schlimmen Phase mal Blumen liefern. Diese Geste rührte mich zu Tränen, weil sie mir zeigte, dass jemand Anteil nahm. Dieses Gefühl, dass jemand sah, wie es mir ging, half mir durch eine ganze Woche.

Elternstimmen

Daniela: »Unser Sohn ist schon immer ein sehr aufgewecktes, neugieriges, wissbegieriges Kerlchen. Wenn Freunde zu Besuch waren, hatten wir meist unser ›Sonnenschein-Kind‹, das alle mit seinem Strahlen zum Lächeln brachte. Sobald der Besuch weg war, mussten all diese Eindrücke wieder aus ihm heraus. Ich stelle mir das wie ein Sieb im Gehirn vor und glaube, dass die ›Sieblöcher‹ von unserem Sohn um einiges größer sind als bei anderen. Nur leider ist das Gehirn mit all diesen Informationen, Eindrücken und Gefühlen auch schnell überfordert. Und das hat sich als Baby im Schreien wieder entladen.«

··

Sara: »Die meisten Leute glauben mir bis heute nicht, dass mein Kind irgendwie anstrengend sein kann. In der Öffentlichkeit benimmt es sich meistens vorbildlich.«

··

Yvonne: »Er hat immer geschrien, unterwegs aber tatsächlich weniger. Das entlud sich dann abends aber umso schlimmer. Für das Umfeld war klar, dass wir entweder etwas falsch machten oder dass das Kind ein gesundheitliches Problem haben musste. Es gab allerdings ein oder zwei andere Elternpaare, denen es auch so ging. Das hat uns geholfen.«

··

Cathy: »Mit knapp zehn Monaten hat unsere Tochter abends anderthalb Stunden am Stück geschrien und ließ sich durch nichts beruhigen. Uns sagte jemand, sie müsse die Erlebnisse vom Tag loswerden und finde nur diesen Weg. Neben der Frage, warum unser Kind anders ist, war das die schlimmste Phase für uns. Wir mussten sie fest an uns gedrückt halten und ihr Schreien ertragen, bis sie erschöpft einschlief. Andere Wege gab es nicht – wir haben alles probiert.«

Zusammenfassung

Ganz viel Nähe

Dein Baby braucht Enge und Nähe, es will dich spüren und braucht das Wissen, dass du immer da bist. Das kann dich an deine Grenzen bringen.

Was schafft Erleichterung?

Versuche, dir im Alltag Erleichterung zu verschaffen: Trage dein Baby, schlaft in einem Raum, lass dich massieren.

Einmal Schreikind, immer Schreikind?

Die Erfahrung mit einem viel weinenden Kind kann deinen weiteren Kinderwunsch beeinflussen: Es gibt keine Garantie, dass das Geschwisterkind weniger weint. Aber es gibt auch keine Hinweise darauf, dass Schreibabyeltern gehäuft mehrere untröstlich weinende Kinder bekommen.

Zeit für das Geschwisterkind

Wenn sich alles um das Schreibaby dreht, können Geschwister leicht zu kurz kommen. Teilt euch auf, damit auch sie schöne Erlebnisse haben. Oder lasst euch von Oma und Opa helfen, falls möglich.

Such dir Hilfe

Es ist ganz normal, dass du dich in deinem Kummer wahrgenommen fühlen willst. Such dir Menschen, die dir zu hören und dich unterstützen können.

Schlaf, Baby, schlaf!

Ein Thema, das alle, wirklich alle Eltern beschäftigt, ist der Schlaf ihres Babys. Alle hoffen, dass ihr Kind recht bald durchschläft oder überhaupt gut einschläft. Allerdings ist ein 10–12 Stunden durchschlafendes Baby eine absolute Illusion. Dazu sind so kleine Säuglinge noch gar nicht in der Lage, weil sie nachts noch Nahrung benötigen und sich immer wieder rückversichern müssen, dass jemand auf sie aufpasst und sie beschützt. Die allerwenigstens Babys schaffen es in den ersten sechs Monaten, so lange durchzuschlafen, und auch danach sind Aufwachphasen völlig normal. In dem Punkt unterscheiden sich Schreibabys überhaupt nicht von allen anderen.

Anders ist, dass sich viel weinende Babys nur schwer in den Schlaf begleiten lassen. Das verlangt Eltern enorm viel ab. Manche von ihnen sind auch echte Kurzschläfer und bereits nach einer kurzen Ruhephase wieder total aktiv. Das bringt dann für Eltern, die den Mittagsschlaf oder eine andere Schlafpause nutzen, um selbst auch ein wenig zur Ruhe zu kommen, keine Entlastung. Und es geht an die Substanz. Genauso übrigens wie fehlender Nachtschlaf. Wenn du nachts wenig Schlaf bekommst und vielleicht wegen des Schlafrhythmus deines Babys keine Tiefschlafphasen erreichst, ist das ein großes Problem. Hier hilft nur, jemanden mit ins Boot zu holen.

Du solltest dein Kind nicht allein schlafen lassen, auch kein Schlaflernprogramm, das in dem Alter sowieso nicht funktioniert, ausprobieren, sondern einen anderen Menschen bitten, die Nachtschichten zu übernehmen oder wenigstens mit dir zu teilen. Lass dich nicht davon abbringen, weil die Gesellschaft gern behauptet, dass der arbeitende Elternteil seinen Schlaf braucht, um fit für die Arbeit zu sein. Du bist genauso wichtig. Du gehst vielleicht nicht ins Büro oder in eine Werkstatt, aber einen Säugling jeden Tag zu versorgen, ist ebenfalls Arbeit. Und für die solltest du möglichst ausgeruht sein.

Schlafmangel führt zu einem sehr dünnen Nervenkostüm. Du merkst das daran, dass das Schreien deines Kindes dir noch mehr als gewöhnlich an die Substanz geht. Es kann passieren, dass du deinem Kind gegenüber aggressiv wirst, wütend, laut. Das liegt auch am fehlenden Schlaf, dadurch kommst du nicht zur Ruhe. Schlafmangel kann aber auch gefährlich werden, weil er dein Reaktionsvermögen beeinflusst. Immer wieder werden Autofahrerinnen vor dem gefährlichen Sekundenschlaf gewarnt. Stell dir vor, was passiert, wenn du vor Übermüdung vor dem Wickeltisch einschläfst. Dein Baby könnte herunterfallen, das geschieht innerhalb von Sekunden. Nimm dein Schlafdefizit und deine Erschöpfung also ernst und hole alle mit ins Boot, die dir dabei helfen können.

Schlafentzug für alle

»Schlaf, wenn das Kind schläft!« Auch so ein Satz, bei dem ich zwiegespalten bin. Denn einerseits, ja, natürlich, nutze unbedingt jede Möglichkeit, die sich dir bietet, um zu schlafen. Wann immer dein Baby also zuhause in den Schlaf findet, leg dich dazu, bleib liegen, mach es dir auf der Couch, im Bett oder wo immer gemütlich und schlafe. Ohne schlechtes Gewissen, ohne auch nur einen Gedanken daran zu verschwenden, was noch zu tun ist. Denn du brauchst jede Auszeit, die du bekommen kannst. Dein Körper braucht Ruhe, dein Geist braucht Ruhe. Wenn du also ein Baby hast, das innerhalb deiner vier Wände einschläft, dann schließe auch die Augen und ruh dich aus!

Ob dieser Schlaf nun zwanzig Minuten oder zwei Stunden lang dauert, nutz, was du bekommen kannst, und freu dich darüber. Wenn du es nicht über dich bringst, wirklich zu schlafen, dann ruh wenigstens aus. Lauf nicht los, um 100 Dinge zu erledigen, sondern kümmere dich um das, was wichtig ist: um dich selbst. Glaub mir, ich weiß, dass das nicht einfach ist. Ich kann gar nicht zählen, wie oft ich, auch heute noch, mit einem schlechten Gewissen im Bett liege, neben mir ein friedlich schlummerndes Kind. Wenn ich »Glück« hatte, hielt mich mein Nachwuchs ganz fest und wimmerte sofort, wenn ich mich bewegte. Das waren die Momente, in denen ich fast ohne schlechtes Gewissen mitschlief, weil ich nicht wegkonnte.

Wenn ich mich aber leise davonstehlen konnte, habe ich das getan. Weil das Leben nicht stillsteht, weil weder der Abwasch noch die Wäsche, noch all die Anforderungen des Alltags warten. Weil einfach keine Fee kommt, die das für einen wegzaubert. Klar muss das alles irgendwann erledigt werden. Aber wenn du fix und fertig bist und weißt, dass abends mehrere Stunden Gebrüll auf dich warten, ruh dich wenigstens kurz aus. Dein Körper braucht diese Auszeit. Dein Geist braucht sie auch. Das Leben mit Schreibaby ist erschöpfend. Und wenn ein paar Monate die Wollmäuse durch dein Zuhause jagen, du dafür aber ausgeglichener bist, dann ist das ein kleiner Preis.

Wir Mütter können und müssen nicht alles können. Jeder Mensch hat eine eigene Toleranzgrenze für Unordnung. Finde heraus, wo deine liegt, und kümmere dich lieber um dich selbst. Das dankt dir vielleicht der Besuch nicht (obwohl es fraglich ist, wie wohlgesinnt dir dein Besuch ist, wenn dein Zuhause einer Inspektion unterzogen wird), aber dein Kind und deine Psyche danken es dir auf jeden Fall.

Lass dir helfen

Einen guten Tipp, gerade für den Nachtschlaf, haben die Hebammen Jessica und Lina im Gepäck. Sie raten dazu, dass sich Partner, die im selben Haushalt wohnen, abwechseln. »Eltern müssen nicht gleichzeitig wach sein. Wenn sie, weil sie sowieso stillen muss, die Nachtschicht übernimmt, schnappt er sich halt morgens das Baby und gönnt ihr noch ein paar Stunden Schlaf. Oder geht nachmittags noch mal mit dem Baby spazieren.« Alternativ können alle, die dir einfallen, gefragt werden, ob sie euch unterstützen können, wenn nicht nachts, dann wenigstens am Tag.

»Mein Tipp ist, Freunde, Eltern und den Partner oder die Partnerin mit ins Boot zu holen. Ich bin Mutter u. a. von Zwillingen, die recht aktiv waren. Wir Eltern haben uns die Aufgaben geteilt – so hat jeder etwas Schlaf bekommen und die Babys wurden versorgt. Anstrengend war es trotzdem, keine Frage, aber man muss diese Phase ja nicht zwangsweise allein durchleben«, erzählt die Physiotherapeutin Susann Siegert.

Niemand sollte die langen Tage und Nächte allein durchstehen müssen. Wenn du alleinerziehend bist und dir nachts keine Hilfe zur Verfügung steht, bitte dir nahestehende Personen tagsüber um Unterstützung. Versuche dann, in der Zeit, in der dein Baby gut von jemand anderem betreut wird, Kraft zu tanken. Es ist nicht einfach, um Hilfe zu bitten, und auch Hilfe annehmen musst du vielleicht erst lernen. Aber es wird dir und deinem Baby zugutekommen und euch die schlimmen Schreiphasen besser durchstehen lassen.

Übermüdung kann gefährlich werden

Bei mir dauerte es eine Weile, bis mir überhaupt bewusst wurde, wie problematisch der Schlafentzug für mich war. Ich hatte am Anfang gedacht, dass ich das alles schon wunderbar hinbekommen würde, insbesondere weil meine Tochter im Vergleich zu anderen sehr früh, nämlich mit ungefähr acht Wochen, durchschlief, von 23 Uhr bis 7 Uhr morgens ohne Unterbrechung. Als mein erster Sohn geboren wurde, war die Situation komplett anders, er wurde spätestens alle anderthalb Stunden wach. Ich hielt tapfer durch, stillte, wickelte, schaukelte das Kind, Nacht für Nacht. Bis ich irgendwann den Boden unter den Füßen verlor, sich alles drehte und ich einfach umkippte. Zum Glück hatte ich in dem Moment das Baby gerade nicht auf dem Arm, sodass nur ich mich verletzte. Das aber war mein Weckruf und ich nahm meinen Mann in die Pflicht. Ich war weiterhin für das Stillen zuständig, aber Wickeln und Beruhigen fielen in den Bereich meines Mannes, der sich die Nächte auf dem Sofa um die Ohren schlug und auch müde war. Aber insgesamt war es für uns beide so eine bessere, gesündere Aufteilung.

Wenn du nicht erst umkippen willst, dann nimm die Warnung von Anja Hable von der Schreibaby-Ambulanz Berlin ernst. »Eigentlich müssten Mütter nach der Geburt einen anderen, langsameren Rhythmus haben als vorher. Das hat ihnen aber niemand gesagt und eine gute Mutter ist nach allgemeiner Ansicht oft eine, die alles weitermacht wie bisher, ohne viel Aufhebens darum zu machen. In anderen Kulturen wird das teils anders gehandhabt. In anderen Traditionen werden Mütter in den ersten drei Monaten besser versorgt und bemuttert. Diese Tradition haben wir hier so nicht. Hier sind die Väter zwei, drei Wochen da und dann wieder 10 Stunden am Tag außer Haus und die Mütter sind sehr oft allein. Irgendwann muss eine Mutter schlafen. Früher gab es vielleicht die Großfamilie, da wurde das Kind mal abgenommen. Die haben wir heute so nicht mehr. Das ist eine gesellschaftliche Entwicklung, bei der der Stress der Mütter ansteigt und sich auf die Babys überträgt.«

Mit ausreichend Schlaf und Entspannung kannst du dir und deinem Kind etwas von diesem Stress nehmen. Es ist für euch beide wichtig.

Elternstimmen

Daniela: »In der ersten Zeit schrie mein Sohn etwa zwölf Stunden lang, leider meist nachts. Ich habe versucht, ihn anzulegen, habe ihn dann wieder durchs Schlafzimmer geschaukelt, abwechselnd die ganze Nacht durch. Im Nachhinein sehe ich es als Problem, dass wir dachten, ein Baby muss viel schlafen, und deshalb versuchten, ihn zum Schlafen zu bringen. Dabei war er oft gar nicht müde. Und unsere Versuche wurden dann natürlich wieder mit Geschrei quittiert. Er schläft heute mit sechs Jahren oft weniger als neun Stunden am Tag.«

••

Tina: »Nach etwa acht Wochen fing es an. Besonders die Abende und die Zeiten vor den kurzen Schläfchen untertags wurden zur Prüfung. Sobald Müdigkeit auftrat, ging es los. Und nichts half. Stundenlang, nächtelang. Die schlimmste Folter war der Schlafentzug und zu wissen, dass man am nächsten Tag wieder funktionieren muss – ich zuhause mit dem Baby und mein Mann in der Arbeit.«

••

Miriam: »Ich habe nachts öfter überlegt, einfach abzuhauen. Nach dem Schreien kam noch eine Phase, wo er noch schlechter schlief, er wurde nachts alle halbe Stunde wach. Ich war so überreizt, dass ich dann auch nicht mehr einschlafen konnte. Es wurde immer schlimmer. Und ich habe immer gedacht: Durchhalten! Mir versichert, dass es keine weiteren Kinder geben wird und ich das nur noch bis zu einem bestimmten Datum aushalte und dann gehe.«

••

Isa: »Spazierengehen im Tragetuch hat am besten geholfen. Wir waren oft nachts stundenlang mit meinem Sohn im Tuch unterwegs, damit er etwas schlief, und der jeweils andere Elternteil auch schlafen konnte.«

Ich schlafe nur auf dir!

Dass Kinder Nähe brauchen, war mir klar. Aber dass es Babys gibt, die monatelang auf ihren Eltern wohnen, das wusste ich nicht. Ich ging davon aus, dass ich meine Kinder behüten, kuscheln, halten würde. Und wenn sie dann müde wären, würden sie in ihrem Bett neben dem Elternbett schlafen. In der Realität lagen meine Kinder auf mir, immer. In jeder wachen Sekunde lagen sie auf mir oder meinem Mann. Das fing bereits direkt nach der Geburt an. Eigentlich sollten sie im Krankenhaus in diesen Beistellbetten liegen, wenn ich sie nicht auf dem Arm hatte. Schlafen mit ihnen auf der Brust war verboten, aus Sicherheitsgründen, verständlich. Leider war das meinen Kindern nicht klar. Bei meiner Tochter habe ich es noch versucht, habe sie wach ins Bett gelegt. Sie schrie und hörte nur auf, wenn sie meinen Körper spürte. Das Baby meiner Zimmergenossin schlief, ohne zu meckern, im bereitgestellten Bett, und ich wunderte mich, wieso es so anders war. Meine Söhne lagen nie in diesen Betten. Sie schrien und schrien, wenn sie keinen Körperkontakt hatten. Immerhin wusste ich inzwischen, dass es Babys gibt, die besonders viel Nähe brauchen. Also habe ich in der Zeit im Krankenhaus mit den Babys auf der Brust im Bett gelegen und versucht, nicht einzuschlafen, weil das streng verboten war.

Ich dachte, dass vielleicht die ersten Tage besonders schwierig seien und meine Kinder zuhause dann schon allein liegen könnten. Aber nichts da. Alle drei Kinder waren immer auf uns. Wie kleine Raupen suchten sie sich ihren Platz, schmiegte sich an uns. Hätte es eine Möglichkeit gegeben, wieder in meinen Körper hineinzukriechen, sie hätten sie genutzt.

Aufeinanderschlafen – nicht empfehlenswert

So schlief ich monatelang ohne Bettdecke starr auf dem Rücken (und kam auch erst beim zweiten Kind auf die Idee, mir für die auskühlenden Schultern eine Jacke anzuziehen). Beide Hände hielt ich am Kind, eine auf dem Rücken, eine am Po. So fand ich mich bei jedem Aufwachen in der gleichen Position wieder, mit verspannten Schultern, Armen, Händen. Mein Mann traute sich diese Art des Schlafens nicht zu, er hatte Angst, das Baby im Schlaf fallen zu lassen. Und ich kann dieses Aufeinanderschlafen definitiv auch nicht empfehlen. Aber es war die einzige Möglichkeit, wenigstens für eine Stunde die Augen zu schließen. Ließ ich meine Kinder, wenn sie im Tiefschlaf waren, neben mich gleiten, begann kurze Zeit später ein Geschrei, das stundenlang nicht mehr verebbte. Und wenn Eltern eines sind, dann pragmatisch. Ich machte also das, was mir wenigstens einen kurzen Schlaf versprach, allen berechtigten Warnungen zum Trotz.

Bei meiner Tochter wunderte ich mich noch, dachte, dass der Fehler bei mir liegen müsse. Denn ich las viel darüber, dass Kinder zwar im selben Zimmer, aber unbedingt im Beistellbett schlafen müssten. Ich versuchte es, sie schrie. Weil ich müder und müder wurde, gab ich nach und ließ sie auf mir schlafen. Tatsächlich hatte ich Glück, sie schlief mit knapp acht Wochen durch, von 23 Uhr bis 7 Uhr früh. Aber nur, wenn sie auf mir schlief, schob ich sie neben mich, wachte sie auf.

Beim zweiten Kind versuchte ich durchzusetzen, dass er wenigstens eine Zeitlang allein im Bett schlief, bis wir Eltern auch ins Bett gingen und er Nähe auf mir tanken konnte. Mein Sohn hielt davon nichts. Er schrie, bis mein Mann oder ich ihn zu uns auf die Brust nahmen. Dann schlief er ein. Auch beim dritten Kind lief das so. Wir Eltern arrangierten uns damit, denn alles war besser als das Geschrei. So schliefen sie wenigstens eine kurze Zeit und gönnten uns eine Verschnaufpause.

Sicherheit contra Pragmatismus

Es gibt all diese Warnungen, wieso Babys nicht auf ihren Eltern schlafen sollen, wieso sie im Beistellbett sicherer aufgehoben sind, wieso die Rückenlage die Beste für das Kind ist. All diese Warnungen sind wichtig und richtig und ich empfehle euch dringend, euch daran zu halten. Niemand möchte, dass das eigene Kind stirbt, weil man die Regeln für guten und sicheren Babyschlaf nicht beachtet hat. Und dennoch kann ich nur sagen: Meinen Kindern waren diese Regeln egal.

Am Anfang habe ich mir große Sorgen gemacht, die mich sehr oft vom Schlafen abhielten, weil ich überwachen musste, dass das Baby atmete, Luft holte, nicht herunterfiel. Gleichzeitig habe ich aber alle drei, gegen alle Regeln, eben doch so schlafen lassen, wie sie es wollten. Ich war von ihrem Geschrei total müde und unendlich froh, dass sie sich beruhigten, wenn sie beim Schlafen Körperkontakt spürten. Es ist irrational, ich habe gegen jede Vernunft, jede Warnung gehandelt. Ich war einfach zu ausgelaugt und fertig für die Alternative, die Nächte neben einem schreienden Baby zu verbringen.

Wenn das Nähebedürfnis deines unstillbar weinenden Kindes so groß ist, dass es nicht ohne Körperkontakt schlafen kann, dann musst du die schwere Entscheidung für dich treffen, wie du damit umgehen möchtest. Niemand kann dir das abnehmen. Ich habe mich für den engen Körperkontakt zu jeder Zeit entschieden, weil es meinen Kindern die nötige Nähe gab und ich wenigstens stundenweise schlafen konnte. Das Nähebedürfnis eines jeden Menschen ist unterschiedlich groß. Allerdings brauchen Säuglinge im Allgemeinen mehr Körperkontakt, weil er für sie überlebenswichtig ist. Sie brauchen Menschen, die sich um sie kümmern. Für die erste Zeit brauchen sie diese Unterstützung auch nachts. Das Schlafen im eigenen Beistellbett sollte dennoch das bevorzugte Schlafmodell sein, das du anstreben solltest. Besprich die Entscheidung für alternative Schlafmodelle mit deiner Kinderärztin oder der Hebamme.

Reizarme Umgebung

Reizarme Umgebung, das klingt wie ein Schreckgespenst, oder? Aber was bedeutet es genau? Dass du keine Musik mehr hören, keine Freundinnen mehr einladen, nicht mehr staubsaugen darfst? Natür-

Elternstimmen

Svenja: »Er hat kaum im Beistellbett des Krankenhauses gelegen und schlief quasi von Tag 1 an auf mir mit in meinem Bett, auch wenn das einige Schwestern nicht gerne sahen. Auch heute, mit knapp 17 Monaten, liegt er immer in meinem Arm. Weggehen ist selten möglich. Das Kuscheln finde ich schön. Allerdings gibt es Abende, an denen ich doch ganz gern mal was anderes machen würde.«

....

Michelle: »Damit ich nachts zum Schlafen kam, habe ich mit Kind an der Brust und im Arm liegend geschlafen. Später dann auch dauerstillend im Liegen.«

....

Cathy: »Die Nächte verbrachte ich größtenteils im Sitzen, weil mein Sohn nur so wirklich ruhig auf mir schlief. Irgendwann durfte ich dabei auch liegen. Ich war einfach nur fertig. Nach acht Monaten schlief er immerhin neben mir, aber immer noch mit Körperkontakt.«

lich nicht. Denn – es ist geradezu paradox – würde dein Kind ganz ohne Alltagsgeräusche groß, es würde ebenfalls schreien. Wenn die aus dem Mutterleib bekannten Geräusche, die deinen Alltag ausmachen, plötzlich verschwunden sind, bedeutet das für dein Baby nur eins: Gefahr! Es denkt, es sei verlassen worden. Und die einzige Konsequenz dieser vollkommenen Hilflosigkeit ist Schreien. Nur so kann dein Baby auf sich aufmerksam machen.

Für Jeannine Ernst, Heilpraktikerin für Psychotherapie, beinhaltet die reizarme Umgebung nicht unbedingt den Verzicht auf Freunde und Freundinnen. »Es kann sich wirklich schlimm anfühlen, den ganzen Tag allein zu sein mit einem Baby, das sehr viel Unterstützung benötigt. Eltern fühlen dann ihre Ohnmacht ständig. Im besten Fall werden die eingeladenen Personen zu Unterstützern. Es kann sich nach Halt anfühlen, wenn noch jemand da ist. Und das wirkt sich wiederum auf das gesamte System aus. Auf das Baby kann die Halt-Erfahrung, die die Mutter macht, beruhigend wirken. Es kann aber auch sein, dass die besuchende Person so viel neuen Reiz und damit Ablenkung bietet, dass die unangenehmen Gefühle in dieser Zeit nicht gespürt werden, sondern erst dann wieder, wenn der Besuch gegangen ist. Und dann ist die Überreizung komplett und es geht erst richtig los.« Es ist also ein schmaler Grat, auf dem du hier entlanggehst, und wie so oft führt nur das Ausprobieren zu einem Ergebnis.

Oft ist es so, dass viel weinende Babys zunächst ganz ruhig sind, wenn das Leben um sie herum tobt. Die meisten mögen es laut und wild und aufregend. Für eine bestimmte Zeit. Wenn sie dann vollkommen überfordert sind mit all den Reizen, dann entlädt sich diese Spannung in untröstlichem Weinen. Es wäre also einfach zu sagen: Lade keine Gäste ein, mach alles in Ruhe. Aber das ist nicht die Realität, in der die allermeisten Eltern leben. Da gibt es Termine bei der Kinderärztin, den Wunsch nach Interaktion mit anderen Erwachsenen oder auch Geschwisterkinder, die jeden Plan nach einer reizarmen Umgebung torpedieren. Trotzdem kannst du auch hier punktuell für Ruhe sorgen. Nimm nur einen Termin pro Tag wahr. Gönne dir und deinem Baby Pausen.

Mit Baby ist der Alltag plötzlich anders

Mit der Geburt hat sich dein Alltag verändert. Es ist in Ordnung, das auch anzuerkennen, anstatt weiterzumachen wie bisher. Dein viel weinendes Baby braucht einen weniger hektischen Alltag, es braucht Zuwendung und Entspannung. Das ist in unserer stressigen Zeit nicht mehr weit verbreitet, wo doch alles immer gleich und sofort geschehen muss. Aber du musst gar nichts. Dein Säugling funktioniert auch überhaupt nicht so. »Ich denke«, sagt Anja Hable, »dass die gesellschaftliche Entwicklung ein Faktor ist. Unser Alltag ist schneller und stressiger geworden. Dieses Tempo ist mit einem Baby nicht gut vereinbar. Eine Mutter, die vorher einen guten Job hatte und eigenes Geld verdient hat, wird plötzlich in einen Zustand zurückgeworfen, in dem es um Windeln, Schlafen und Essen geht. Da ist der Kopf nicht groß gefordert. Oft gibt es plötzlich eine finanzielle Abhängigkeit vom Mann. Alle versuchen, weiterzumachen wie bisher. Aber es ist eine wahnsinnige Veränderung. Das wird oft nicht ausreichend gewürdigt und es wird auch nicht genug Zeit gegeben, sich darauf einzustellen.«

Gib dir Zeit, in deinem neuen Leben als (Mehrfach-)Mama anzukommen. Es tut dir und deinem Baby gut, wenn du auf euch achtest. Gib wenig Reize an dein Kind weiter: keine laut klingenden Kuscheltiere, kein Babyspielzeug, das Krach erzeugt oder wild blinkt. Das brauchen Kinder nicht und Schreibabys können davon sehr schnell überfordert sein. Unterbrich aber auch nicht deinen Alltag, natürlich kannst du weiter Radio hören, telefonieren, spazieren gehen. Die tägliche Geräuschkulisse ist deinem Kind aus dem Bauch schon gut vertraut und eine reizarme Umgebung bedeutet nicht, dass es überhaupt keine sensorischen Reize mehr geben darf. Vielen Kindern gibt der Alltagskrach, den du in deinen vier Wänden erzeugst, sogar Sicherheit. Sie hören, dass du da bist.

Du musst das Weinen nicht sofort beenden

Sprich viel mit deinem Nachwuchs, deine Stimme ist die beste Versicherung, die es geben kann. Das gilt auch, wenn dein Baby gerade weint und du dich nicht sofort kümmern kannst. Es geht zu keiner Zeit darum, dass du das Weinen deines Babys immer sofort beendest.

Auch Dr. Susanne Hommel sagt, es komme auf die Qualität des Schreiens an und das möglichst schnelle, nachhaltige Beruhigen sei nicht immer das Ziel. »Babys können sich noch gar nicht anders ausdrücken, als durch Weinen zu signalisieren, was mit ihnen los ist. Das eine Weinen heißt: Ich habe Hunger, das andere: Ich will auf den Arm, ich will nicht mehr allein hier liegen. Weinen kann viele unterschiedliche Botschaften beinhalten. Und nicht jedes Weinen muss sofort beruhigt werden. Wir wissen aus Mutter-Kind-Studien, dass die Babys, die immer sofort beruhigt und ihr Bedürfnis gestillt bekamen, egal was es war, auch eine auffällige Bindungsentwicklung nehmen kön-

Elternstimmen

Juli: »Wir haben recherchiert und aufgrund dieser Ergebnisse tagsüber zu große Aufregungen vermieden (Besuche mit mehreren Leuten, zu viele Ausflüge, Übernachtungsreisen usw.). Auch die innere Haltung haben wir versucht zu ändern, aber die Angst überwog leider meistens. Lass dich von Tipps und Recherchen (Reize vermindern usw.) nicht kirre machen. Achte auf einen geregelten Tagesablauf im Sinne von pünktlicher Nachtruhe und überfordere das Baby nicht, weil die Bezugsperson Nr. 1 (in der Regel die Mama) in den ersten Monaten weg ist. Es gibt Babys, die denken, dass sie dann verloren sind – egal, wie viel Mühe sich Papa gibt. Vertraue deinem Bauchgefühl, sei einfach für dein Baby da. Ich weiß, wie wenig das in der Situation hilft, aber sei sicher, dass das bald aufhört. Wirklich. Bei jedem Baby irgendwann und bei den meisten nach drei Monaten.«

Alexander: »Nach meinem Gefühl war es oft Reizüberflutung, die das Schreien ausgelöst hat. Und doch habe ich alles ausprobiert, um mein Kind zu beruhigen. Zu viel auszuprobieren war meist schlecht. Von Fliegergriff zum Rumtragen, Singen, Summen und leise Sprechen, Pucken, Babywippe – am ehesten hat der Fliegergriff geholfen. Aber auch nicht immer.«

nen. Genau wie die Kinder, deren Bedürfnisse nicht ausreichend adäquat beantwortet wurden. Gut für Babys im Sinne der psychischen und sensomotorischen Entwicklung ist es, wenn Eltern erkennen, wie weit ihr Kind in seiner Entwicklung schon ist und wie schnell sie dementsprechend auf das Weinen reagieren sollten. Wenn ein Baby schon sechs Monate alt ist, muss nicht mehr immer alles sofort beantwortet werden. Die bestmögliche, sofortige Bedürfnisbefriedigung ist nicht das grundsätzliche Ziel, sondern das, was D. W. Winnicott als ›good enough mother‹, eine ›ausreichend gute Mutter‹, beschrieben hat. Diese gibt ihrem Baby die Möglichkeit zu lernen, dass manche Zustände nicht so schlimm sind, auch wenn sie sich bedrohlich anfühlen. Oder dass es manches bereits alleine aushalten und regulieren kann oder sich gedulden kann und weiß, dass Mama oder Papa es gehört hat. Diese Fähigkeit zum Aushalten schwieriger affektiver Zustände nennt man Frustrationstoleranz und die beginnt man im Säuglingsalter zu entwickeln. Wichtig ist dabei zu bedenken , wenn ein Baby so anhaltend und schrill schreit, dass man befürchten muss, dass etwas so gar nicht in Ordnung und eventuell schmerzhaft ist, dann muss man natürlich schon mithilfe des Kinderarztes überlegen, was dahinter steckt.«

Ich hoffe, schon diese Aussage entlastet dich massiv. Du bist die ausreichend gute Mutter für dein Kind. Und das ist genau das, was dein untröstlich weinendes Baby braucht. Auch, wenn sich das für dich vielleicht nicht so anfühlt. Genau so, wie du bist, feinfühlig, aufmerksam, präsent für dein Baby, bist du das, was deinem Nachwuchs hilft.

Was ist eine »good enough mother«?

Die »good enough mother« ist laut dem Kinderarzt und Psychoanalytiker Donald Winnicott dann einen ausreichend gute Mutter, wenn sie auf die Bedürfnisse ihres Kindes so weit eingeht, dass es sich nicht verlassen fühlt. Sie gibt ihre eigene Identität nicht auf, sie nimmt die

Bedürfnisse ihres Kindes wahr und beantwortet sie, so gut es geht. Schritt für Schritt wird sie ihrem Kind auch dabei zu helfen, Frustrationstoleranz zu entwickeln.

Reizarmes Zusammenleben

Du weißt bereits, dass es vollkommen in Ordnung ist, deinen Alltag mit seinen Geräuschen weiterzuführen. Nun soll es darum gehen, wie reizarmes Zusammenleben in der Praxis aussieht. Zunächst: Verbanne alles blinkende, piepsende, Krach machende Spielzeug aus eurem Alltag. Dein Baby braucht das nicht, und du brauchst es ganz sicher auch nicht.

Überlege auch, wie viele Unternehmungen und Besuche euch guttun. Ich habe anfangs gedacht, dass mein Leben mit Baby genauso weitergehen würde wie bisher. Ich traf meine Freundinnen, unternahm viel, nur jetzt eben mit Kind. Bis meinem Mann irgendwann auffiel, dass unsere Tochter immer dann besonders lang und unstillbar weinte, wenn ich viel mit ihr unternommen hatte.

Das beobachtet auch Anja Hable. Sie sagt: »Babys mit Regulationsstörungen sind Babys, die den aktiven Zustand mehr suchen, als den entspannten. Sie saugen Eindrücke auf, vielleicht auch, um von ihrem inneren Unwohlsein abzulenken. Wenn man den Fehler macht, das dauernd zu bedienen, fördert das die Schreianfälle. Ständig neue Eindrücke helfen kurzfristig gegen das Schreien (durch Ablenkung), führen aber zu einer Ermüdung und damit zum nächsten Schreianfall. Auf lange Sicht verschlimmert es die Situation.«

Genauso war es bei uns auch, die Situation für uns als Familie verschlechterte sich. Bei meinen Söhnen waren Geschwisterkinder vorhanden, es war also klar, dass sie viel mehr mitmachen mussten als die Erstgeborene. Ich fühlte mich schuldig, weil ich es nicht schaffte, die für mein viel weinendes Baby angemessene Umgebung zu schaffen. Eine Umgebung, die es ihm leichtmachte, sich zu entspannen, weniger zu weinen, sich besser beruhigen zu lassen. Ich nehme an, dass auch du diese Schuldgefühle kennst. Aber: Du bist nicht schuld am Weinen deines Kindes.

Beruhigen kann aufregend sein

In puncto Beruhigungsstrategien gilt vor allem: Bleib bei einer Variante, und zwar mehrere Tage lang. Vielleicht hast du gelesen, dass Hüpfen auf dem Gymnastikball (oder White Noise oder Tragen im Tragetuch oder Baden oder Federwiege oder …) *das* Hilfsmittel ist, um dein Baby zu beruhigen. Also versuchst du vielleicht alles auf einmal oder kurz nacheinander. Und wunderst dich, warum der Effekt, den das Beruhigen erzielt, nicht nachhaltig ist.

Oft ist es doch so: Du probierst etwas aus und dein Baby hört auf zu schreien. Nach kurzer Zeit geht das Geschrei aber wieder los. Du versuchst es erneut, es hilft wieder, aber nicht mehr so lange. Beim dritten oder vierten Mal hilft es überhaupt nicht mehr und du greifst zu einer neuen Methode. Diese Erfahrung ist typisch für Schreibabyeltern. In deiner Verzweiflung greifst du, verständlicherweise, nach jedem Strohhalm. Aber je mehr neue Impulse du deinem Baby gibst, desto aufregender wird es für dein Kind. Es beruhigt sich, weil das blinkende Spielzeug es fasziniert. Aber die Neugier verfliegt relativ schnell und es muss ein neuer Impuls her. Den gibst du, in Form von White Noise. Das ist kurzfristig auch interessant, weil du etwas tust und dein Baby dich dabei beobachten kann. Aber oft bringt auch das keinen nachhaltigen Erfolg. Bevor du dich und dein Baby darauf konditionierst, nachts im Auto durch die Gegend zu fahren, kann ich dir empfehlen: Sei für dein Kind da und versuche, das Weinen auszuhalten. Signalisiere, dass du es verstehst, dass du die Tränen wahrnimmst und dich kümmerst, so gut du kannst. Kinder haben sehr feinen Antennen, sie spüren natürlich auch deinen Stress, deine Wut und deine Verzweiflung. Du tust dein Bestes, um dein viel weinendes Baby zu beruhigen, aber es hilft nicht. Das führt zu Angst und Unsicherheit. Aber sei dir immer bewusst: Du tust das, was du kannst.

Das beobachtet auch Schreibabyexpertin Jeannine Ernst: »Alle Eltern tun ihr Bestes, um ihrem Baby das zu geben, was es braucht, damit es sich gesund und glücklich entwickeln kann. Sie setzen alles ihnen zur Verfügung stehende an Wissen, Intuition, Nahrung und Hilfsmitteln ein, um die Bedürfnisse zu befriedigen und eine tragende Bindung aufzubauen. Sie handeln nach bestem Wissen und Gewissen. Eltern geraten jedoch häufig dann außer sich, wenn ihre Bemühungen nicht fruchten. Die Familie gerät in einen sich verstärkenden Kreislauf. Gefühle wie Ohnmacht und Wut steigen auf. Und an dieser Stelle ist es wichtig, dass Eltern erwachsen handeln und Maßnahmen ergreifen, um aus den schwierigen Situationen aussteigen zu können, um zu verhindern, dass sie dauerhaft ihre Feinfühligkeit verlieren oder im schlimmsten Fall ihr Baby schütteln.«

Elternstimmen

Laura: »Ich versuche, die Tage möglichst reizarm zu gestalten. Viel vertraute Umgebung und Menschen. Das geht natürlich nur bedingt, weil gewisse Dinge einfach sein müssen als zweites Kind. Aber da Kind 2 nur getragen wird, kann ich sie oft einigermaßen abschotten. Ich würde Kind 1 so gerne mal wieder richtig in den Schlaf begleiten. Kuscheln, spielen, gemütlich spazieren gehen, stehen bleiben, beobachten, entdecken. Aber es geht nicht. Und selbst wenn es mal geht, ist da immer die Anspannung, die Angst, dass es ganz bestimmt gleich wieder losgeht. Verabredungen werden abgesagt, ich schaffe es nicht zur Rückbildung, wir müssen eher von Freunden nach Hause.«

Daniela: »Jede Aufregung am Tag, zum Beispiel der Besuch einer Krabbelgruppe, wurde abends mit noch längerem Schreien quittiert.«

Wer ist schuld, dass das Baby so viel weint?

Wieso lässt sich mein Kind so schwer beruhigen? Wieso weint es so viel? Wieso sind andere Babys so ganz anders? Was habe ich falsch gemacht, dass ich gleich drei Schreibabys hatte? Bin ich schuld an dem untröstlichen Weinen? All diese und viele andere, ähnlich lautende Fragen gingen mir wieder und wieder im Kopf herum. Es gibt diesen, wie ich finde, schrecklichen Satz: Alle Eltern bekommen die Kinder, mit denen sie umgehen können. Ich bin mir sicher, ich und genauso auch du, wir wären auch mit weniger herausfordernden Kindern zurechtgekommen. Besonders die Frage nach der Schuld ließ mich lange verzweifeln. Denn irgendwer musste doch daran Schuld haben, dass es mir nicht oder nur sehr schwer gelang, meine Kinder zu beruhigen. War ich in der Schwangerschaft zu gestresst? Hatte ich zu wenig auf mich geachtet? Habe ich bei der Geburt etwas falsch gemacht? In den ersten Tagen?

Ich suchte übrigens nie die Schuld daran, dass sich meine Kinder nicht beruhigen ließen, bei meinem Mann, nur ich war schuld. Er hingegen war für mich immer schuld daran, dass sie überhaupt anfingen zu weinen. Weil er den Body falsch geknöpft hatte (und das ganz sicher unbequem war), weil er das Baby im falschen Winkel über die Schulter legte. Was man halt so für sehr merkwürdige Ideen entwickelt in dieser angespannten Zeit. Irgendwann sahen wir beide ein: Niemand ist schuld. Die Kinder sind, wie sie sind.

Ich hatte drei unterschiedliche Schwangerschaften, erlebte drei unterschiedliche Geburten. Meine eigene kleine Fallstudie zeigte mir – zwar erst beim dritten Kind, aber immerhin –, dass niemand Schuld daran hat, dass manche Babys untröstlich weinen. Es ist, wie es ist. Und das macht es an manchen Tagen vielleicht sogar noch schwerer, mit dem untröstlichen Weinen zurechtzukommen.

Gerade von älteren Mitmenschen hörst du vielleicht, dass es früher keine Schreibabys gab, dass also doch du schuld sein musst. Weil es schwer ist, einer Gesellschaft im Gesamten die Schuld zu geben, wird es eben auf die einzelne Mutter, auf dich, reduziert.

> *Auch früher gab es Babys, die viel und ausdauernd weinten. Allerdings gab es früher auch wesentlich öfter Unterstützung durch Familienangehörige.*
>
> Jeannine Ernst, Heilpraktikerin

Jeannine Ernst gibt zu bedenken, dass damals Schreibabys auch schon mal ausquartiert oder allein gelassen wurden. »Früher oder später lernt das Kind dann, dass es keinen Sinn hat zu weinen, und stoppt das Weinen, gibt auf. Wir wissen inzwischen, dass dies mehr oder weniger seelischen und auch körperlichen Schaden zur Folge haben kann.«

Und auch Anja Hable bestätigt, dass es viel weinende Babys schon immer gab. Nur wurde die Anstrengung, die es bedeutete, diese Säuglinge beim Größerwerden zu begleiten, auf mehrere Schultern verteilt. Und das fehlt heute, wo meist die Mütter den Großteil der Elternzeit übernehmen und den ganzen Tag mit dem untröstlich weinenden Kind allein sind. Da gehst du bis an deine Grenzen und darüber hinaus. Und lässt dir vielleicht doch einreden, es sei deine Schuld, dass dein Baby so unstillbar weint. Aber das liegt nicht an dir!

Dr. Susanne Hommel sagt dazu: »Dieses Schuldthema ist ein zentrales Thema des Eltern- und speziell des Mutterwerdens. Das Mutterwerden ist eine besondere psychische Konstellation. Jede Mutter ist notwendigerweise hochgradig sensibilisiert für die Bedürfnisse des sehr jungen Babys, das noch nicht klar äußern kann, was es gerade braucht. Existenziell dafür zuständig zu sein, dass das eigene Baby lebt und überlebt, wächst und gedeiht, ist eine große emotionale Herausforderung. Das erzeugt bei allen Müttern phasenweise eine hohe Fokussierung auf all das, was man eventuell nicht gut macht und wo man sich als inkompetent erlebt. Wenn das getriggert wird, weil das Baby sich schwer beruhigen lässt, dann verstärkt das dieses Gefühl. Alle möglichen negativen Gefühle, vor allem Schuld und Schamgefühle, können eine unglaubliche Bedeutung bekommen und diese schwierigen Gefühle auszuhalten, ist eine riesige Aufgabe. Wir leben in einer westlichen Gesellschaft, in der wir uns über Leistung definieren und optimale Leistungsfähigkeit das Ziel ist. Wenn das Muttersein dann auch vor allem unter einem Leistungsaspekt steht und Babys sich unter einem Leistungsfokus im ständigen Vergleich miteinander entwickeln, sorgt das für enormen Druck. Viele Eltern berichten, sich ständig daran gemessen zu fühlen, wie man als ›perfekte Mutter‹ und ›idealer Vater‹ sein müsste und wie das eigene ›perfekte Baby‹ sein müsste. Da diese Perfektion eine unerreichbare Illusion ist, versuchen sich viele Eltern mit ›Ach, wir kriegen das echt gut hin‹ und ›Mir geht's gut als Mutter‹ zu beruhigen und sich das oft auch gegenseitig vorzuspielen. Es gibt meist wenig Raum für die zweifelnden Gefühle dahinter. Die grundlegende Frage ist doch: Wie gehen wir mit dem Thema Elternsein um? Muss das auch noch ein Wettbewerb sein? Und geht es wirklich um ›ideale Eltern‹, wäre es aus Sicht der Kinder nicht viel wünschenswerter, ausreichend gute und weniger angestrengte Eltern zu haben?«

Bleibt das Schreien für immer?

Eine große Sorge vieler Eltern ist, dass die Schreiphasen ihres Babys niemals enden werden. Vielleicht ertappst du dich dabei, dass du einfach nicht glauben kannst, dass das Geschrei jemals aufhört. Vielleicht hast du dich durch die ersten 12 Wochen geatmet, dein Baby getragen, in der Hoffnung diesen Meilenstein zu knacken und dann würde das Geschrei aufhören oder etwas weniger werden. Und nun merkst du: leider nein. Und deine Energie schwindet, du sorgst dich vielleicht, was aus deinem Baby wird. Wird das immer so weiter gehen, in Kleinkindalter, in der Grundschule, in der Pubertät? Dazu gibt es kaum Forschungen.

Elternstimmen

Daniela: »Es gab keinen ersichtlichen Grund für das viele Schreien. Wir haben aber auch nicht wirklich viel abklären lassen. Ein Allergietest war negativ. Sonstige Erkrankungen wurden weitestgehend ausgeschlossen und so richtig ernst hat das unser Umfeld nicht genommen. Wenn wir erzählt haben, dass er abends sehr viel schreit, haben uns Bekannten und Ärzte gesagt: ›Das machen so kleine Kinder, um den Tag zu verarbeiten. Das ist ganz normal.‹ Er war unser erstes Kind und so richtig wussten wir auch nicht, was ›normal‹ ist und was nicht. Wir dachten oft, wir können ihm nicht das geben, was er braucht. Dass dieses Ausmaß des Schreiens nicht mehr ›normal‹ war, wussten wir schlicht nicht. Wir haben uns nur gewundert, warum andere Eltern so viel entspannter wirkten und auch viele Dinge mit ihren Babys machen konnten, die für uns unmöglich gewesen wären.«

....

Tina: »Tagsüber ging es, da nutzten wir die Zeit für Spaziergänge. Aber Treffen mit Freunden waren immer schwierig, da die meisten Einladungen für abends waren. Freunde von uns meinten zum Beispiel: ›Ach, wenn es wirklich müde ist, dann schläft das Kind schon!‹ Was leider gar nicht stimmte. Im Gegenteil, wenn man einen bestimmten Punkt überschritt, war die Nacht schon gelaufen. So zogen wir uns gezwungenermaßen immer mehr zurück, denn was hat man von einem Besuch, wenn das Kind dann beim Besuch oder danach pausenlos schreit?«

Schreibaby = ADHS-Kind?

Es steht im Raum, dass Kinder, die als Babys untröstlich weinen, später die Diagnose ADHS bekommen. So beschreibt es beispielsweise die ADHS-Broschüre der Bundeszentrale für gesundheitliche Aufklärung aus dem Jahr 2014. Da heißt es: »Noch offen ist, ob es erkennbare Regelmäßigkeiten im Auftreten von Auffälligkeiten in der Entwicklung von Säuglingen und Kleinstkindern gibt, welche zuverlässig auf ADHS hindeuten können. Fachleute sagen, dass etwa ab dem Alter von drei Jahren eine Abgrenzung zwischen hyperkinetischem Verhalten und ›normalen Varianten‹ prinzipiell möglich sei. Viele Kinder, die später die Diagnose ADHS bekommen, sind bzw. waren im ersten Lebensjahr unauffällig. Oft lassen sich aber auch rückblickend Auffälligkeiten bis ins Säuglingsalter zurückverfolgen. Diese Kinder werden temperamentsmäßig als unausgeglichen beschrieben und haben Probleme mit der Anpassung. Manche fallen durch Ess- und/oder Schlafprobleme auf oder sind sogenannte ›Schreibabys‹. Sie finden schon zu Beginn ihres Lebens nur schwer ein stabiles Gleichgewicht und werden von den Eltern früh als ›schwierig‹ erlebt.«

Der entscheidende Hinweis in diesem Zitat ist, dass es vollkommen offen ist, ob ehemalige Schreibabys ADHS bekommen. Und es scheint, als sei eine schwierige Eltern-Kind-Beziehung, also eine, die belastet ist, in diesem Zusammenhang förderlich für ADHS. Das viele Schreien und das wenige Schlafen kann zu einer schwierigen Beziehung zu deinem Kind führen, weil du dich, wenn du selbst am Ende bist, nicht gut um deinen Nachwuchs kümmern kannst. Um das zu verhindern, solltest du dir früh Hilfe suchen. Die erste Anlaufstelle ist deine Kinderärztin. Hier wird dein Baby untersucht und wenn keine organischen Ursachen für das untröstliche Weinen vorliegen, könnt ihr weitere Möglichkeiten besprechen. Eine stabile Eltern-Kind-Bindung ist eine wichtige Voraussetzung dafür, dass sich dein Baby gesund entwickelt. Und es trägt auch dich durch die schwierige Zeit.

Wenn du dir früh Unterstützung suchst, wenn du gut auf dich und dein Baby achtest, dann hast du alles Menschenmögliche getan. Jeannine Ernst appelliert hier an die Familie, sich Hilfe zu holen. »Wenn es der Familie gelingt, sich in die Sicht des Babys einzufühlen und dabei in der Selbstfürsorge zu bleiben, um dem Sturm standzuhalten, können sich auch bald beim Baby gute Regulationsressourcen entwickeln. Dafür braucht es praktische Hilfe und emotionalen Beistand für die Eltern.«

Mehr, als auch auf euch zu achten, liegt nicht in deiner Verantwortung. Wenn dein viel weinendes Baby später ADHS bekommen sollte, steht das nicht in Verbindung damit, dass es mal ein Schreibaby war. Dr. Susanne Hommel sieht diesen in Elternratgebern oft auftauchenden Zusammenhang kritisch: »Eltern hören oder lesen häufig, dass Kinder, die es später im Leben in Kita oder Schule schwer haben, mit Herausforderungen umzugehen, verhaltensauffällig sind, wenig Frustrationstoleranz haben, schnell sehr wütend werden, Schreibabys waren. Manchmal bleibt die Fähigkeit, Affekte zu regulieren und mit Frustration umzugehen, ein Thema. Aber dass Schreibabys in ihrem weiteren Leben immer solche Auffälligkeiten zeigen, ist wissenschaftlich nicht belegt. Die weitere Entwicklung eines ehemaligen Schreibabys hängt vor allem davon ab, was die Ursachen waren und wie sich die kindlichen Regulationsfähigkeiten im Kontext der Eltern-Kind-Beziehung weiter entwickeln.«

Ich hoffe, dass dich diese Aussage beruhigt. Generell gilt: Schau auf den Moment. Sorge dafür, dass du und dein Baby gut durch die nächsten Monate kommen, dass sich eure Beziehung, trotz allem Geschrei, gut entwickelt, das ist wichtig. Begleite dein Baby liebevoll durch sein Weinen, aber haushalte mit deinen Kräften.

Frustrationstoleranz stärken

Und denke immer wieder daran: Es geht nicht darum, dass du jedes Weinen sofort beantwortest. Dein Baby muss durchaus altersgerecht lernen, Frust auszuhalten. Wie schon im Kapitel »Du musst das Weinen nicht sofort beenden« (Seite 90) beschrieben, ist die sofortige

Bedürfnisbefriedigung mit zunehmendem Alter nicht das, was Babys hilft. Du unterstützt dein Baby also auch in seiner Entwicklung, wenn du ihm immer wieder signalisierst, dass du da bist. Das kann über Körperkontakt und Stimme erfolgen, angepasst an das Alter.

Ich habe immer viel mit meinen Kindern gesprochen, alles, was ich so machte, erklärt. Zunächst kam mir das komisch vor. Aber nach dem recht offensichtlichen Erfolg, den ich hatte, als ich meine Tochter in den Schlaf quatschte (Seite 63), habe ich schnell verstanden, dass sie auch das Reden beruhigt. Und so halte ich das bis heute.

Natürlich brauchen Säuglinge zunächst immer die körperliche Rückversicherung, dass wir uns kümmern. Aber bereits mit drei, vier Monaten hilft es ihnen auch, wenn sie unsere Stimme hören, die ihnen versichert, dass wir da sind und uns gleich um ihre Bedürfnisse kümmern werden. Der Alltag, der sich so sehr um dein Baby dreht, richtet sich nicht immer nur nach ihm, sondern verlangt auch manchmal, dass es kurz warten muss. Wenn du noch ein zweites Kind hast, hast du sicher auch schon beobachtet, dass Kinder mit zunehmendem Alter immer besser kurze Pausen allein überbrücken können.

Das heißt nicht, dass dein drei Monate altes Baby eine Viertelstunde lang weinen soll, bevor du dich kümmerst. Aber wenn du gerade die Butter in den Kühlschrank räumst und dein Kind anfängt zu weinen, fügst du ihm keinen Schaden zu, wenn du die Butter noch verräumst und das kommentierst, damit dein Baby weiß, was passiert. Diese kurzen Momente trainieren auch die Frustrationstoleranz deines Babys. Selbstverständlich muss das altersentsprechend und angemessen sein.

Auch Dr. Hommel bestätigt: »Frustrationstoleranz ist ein ganz entscheidendes Thema für das weitere Leben. Haben die Kinder das gelernt? Natürlich haben Eltern Angst, dass aus Wimmern wieder ewiges Geschrei wird, und beruhigen ihr Baby dann schneller. Aber wenn sich das im weiteren Entwicklungsverlauf nicht verändert und die Kinder nicht zunehmend lernen, sich selbst zu regulieren, bleibt das für die Kinder schwierig. Es gibt einen in den Medien oft beschriebenen angeblichen Zusammenhang: Schreibabys würden später hyperaktiv, könnten sich später nicht konzentrieren oder würden später autistische Störungen entwickeln. Das ist nicht verallgemeinerbar!«

Wenn du dir Sorgen machst, dass das Schreien das weitere Leben deines Kindes beeinflussen könnte, kannst du hoffentlich etwas aufatmen.

Autonomie wird immer wichtiger

Anja Hable betont, dass das Wissen über die Wichtigkeit von Bindung allein nicht genügt. »Natürlich ist Bindung enorm wichtig. Aber wenn Eltern den Gegenpol, die Autonomie, die auch sehr wichtig ist, vergessen, dann führt das oft zu einer angestrengten Überbemutterung, in der sich weder Mutter noch Kind entspannen können.« Du musst dein Kind also auch loslassen, es muss Erfahrungen machen, dass es ein eigenständiger Mensch ist. Natürlich sprechen wir hier nicht von Säuglingen. Die brauchen dich und sind nicht an Autonomie interessiert. Aber im weiteren Zusammenleben mit einem Kind wird es wichtig, dass du das Bestreben deines Kindes nach Selbstständigkeit unterstützt. Und selbstständig wollen auch die ehemaligen viel weinenden Babys sein.

Was vielleicht bleibt, ist das starke Bedürfnis nach Nähe. Bei meinen drei Kindern hat sich das bis jetzt nicht geändert. Sie brauchen, gerade auch um sich zu beruhigen, viel Körperkontakt. Das macht mir manchmal zu schaffen, weil ich auch ich und ein eigenständiger Mensch bin und gerne mal nur für mich sein will. Gleichzeitig macht es mich oft aber auch froh. Die Zeit, in der ein Kind nicht mehr kuscheln will, in der eine Umarmung von Mama nicht mehr gegen all den Kummer und die Sorgen hilft, kommt früh genug.

Elternstimmen

Franz: »Nachdem mein Sohn begonnen hat zu sprechen, hat er gefühlt nicht mehr aufgehört. Er redet, redet und redet. Er hat einen starken Drang sich mitzuteilen, als Schreikind und nun als Erwachsener. Vielleicht ist das zurückgeblieben? Wäre das nicht beruhigend zu wissen? Welch einmalige Erwachsene!«

Gabi: »Nach dem ersten Jahr war es, als ob ein Schalter umgelegt worden wäre. Das Schreien war weg und ich hatte ein immer lachendes, fröhliches Kleinkind! Das war wie ein Wunder und hat mich für jedes Schreien hundertfach entschädigt. Sie ist so geblieben, ist jetzt schwanger und ich freu mich unbändig auf mein erstes Enkelkind!«

Daniela: »Heute mit seinen sechs Jahren ist er draußen sehr angepasst und zuhause lässt er diese Spannungen gerne an uns aus – mit schlechter Laune, Widerspenstigkeit und Verweigerung von allem. Trotzdem sehe ich es als Trost und Kompliment – denn er scheint sich bei uns sicher und geborgen zu fühlen, sonst würde sich das nicht so äußern.«

Fenja: »Heute, im Alter von zehn Jahren, würde ich meine Tochter als einen sehr sensiblen Menschen beschreiben, der es trotz schneller Reizüberflutung liebt, in der Gemeinschaft mit (vielen) anderen (auch unbekannteren) Menschen aufzugehen. Beinahe täglich gibt es eine neue Beschäftigung bzw. ein neues Thema, das sie interessiert und über das sie alles erfahren will. Dabei fragt sie den Erwachsenen Löcher in den Bauch.«

Zusammenfassung

Schlaf, Mama, schlaf

Schlaf, wenn dein Baby schläft. – So blöd dieser Spruch klingt, es ist trotzdem viel Wahres dran. Du brauchst Pausen, um durch den Alltag zu kommen.

Ganz viel Nähe

Viel weinende Babys brauchen auch beim Schlafen oft körperliche Nähe. Versuche einen Kompromiss zu finden, der für euch passt.

Zu viele Reize vermeiden

Schreibabys reagieren oft stärker auf Reize als andere Kinder. Versuche daher, dauernde Reizüberflutung und ständige Abwechslungen zu vermeiden, und sorge für einen möglichst gleichbleibenden Tagesablauf.

Hilfe annehmen

Du musst nicht 24 Stunden am Tag für dein Baby da sein. Wenn möglich, wechselt euch nachts ab. Auf tagsüber kannst du andere um Hilfe bitten.

Nobody is perfect

Du musst nicht perfekt sein. Gut genug ist alles, was dein Baby braucht.

Einmal Schreibaby, immer Geschrei?

Ob es Langzeitfolgen gibt, ist unklar. Momentan deuten keine wissenschaftlichen Erkenntnisse darauf hin.

Was brauchen Eltern?

Das Leben mit einem Baby ist für alle Eltern eine riesige Umstellung. Niemand kann beim ersten Kind erahnen, wie sehr sich alles verändern wird. »Die meisten Eltern«, so Anja Hable von der Schreibaby-Ambulanz Berlin, »versuchen, weiterzumachen wie bisher. Aber es ist eine große Veränderung. Das wird nicht ausreichend gewürdigt und es wird auch nicht genug Zeit gegeben, sich darauf einzustellen. Ein großes Problem bei der Arbeit mit den Müttern ist Perfektionismus. Die Mütter stellen oft enorm hohe Ansprüche an sich, wahrscheinlich stellt die Gesellschaft diese Ansprüche an sie. Die Mutter wird oft für alles verantwortlich gemacht, auch wenn sie alleine gelassen wird.«

Ich behaupte mal, ich war keine perfektionistische Mutter. In meinem Umfeld gab es kaum Kinder, ich hatte wenige Vergleichsmöglichkeiten. Als ich dann nach und nach Freundinnen fand, die auch gerade das erste Kind bekommen hatten, waren wir alle sehr darauf bedacht, uns gegenseitig immer wieder zu versichern, dass es genau richtig ist, wie jede Einzelne von uns es macht. Auch, wenn wir selbst es für unsere Kinder ganz anders machten. Es war vielleicht mein großes Glück, dass ich nicht an irgendwelchen Idealen aus meinem Freundinnenkreis scheitern konnte.

Allerdings lernte ich schnell, dass es da noch die Gesellschaft an sich gibt, die Familien mit älteren Kindern, die Kinderlosen, die Jungen, die Alten. Und alle, wirklich alle hatten eine Meinung zu meinem Baby. Mein erster Sohn schrie oft, wenn wir unterwegs waren. Wann immer das geschah, sprachen mich Leute an, verdrehten die Augen. Als ich dann mit zwei kleinen Kindern und meinem dritten Kind im Tragetuch die öffentlichen Verkehrsmittel nutzte, hörte ich nicht nur allerlei Anklagen, was ich alles falsch machte, ich bekam auch ungefragt jede Menge Tipps. Denn, so wurde mir suggeriert, der Fehler kann nur bei der Mutter liegen, wenn ein Kind unstillbar weint. Ich musste mir anhören, dass ich eine schlechte Mutter sei, weil meine Kinder so schrien. Die allermeisten Äußerungen über mich als Mutter waren negativ. Nur ein ruhiges Baby sei ein gutes Baby und in diesem Bereich hatte ich, deren Meinung nach, dreimal versagt. Immerhin habe ich mir diesen Schuh nicht angezogen, ich habe mich um meine Kinder gekümmert und wusste einfach, dass sie mehr weinen als andere. Und dass das gar nichts über mich als Mutter aussagt.

Generell ist es vielleicht hilfreich, wenn du dich immer mal wieder daran zu erinnerst, dass du nicht allein bist. Ganz viele Mütter sind überfordert, auch wenn sie keine untröstlich weinenden Babys haben. Dr. Susanne Hommel von der SchreibabySprechstunde Hamburg beobachtet das in ihrem Praxisalltag häufig: »Mütter entwickeln eine sehr hohe Kapazität, was sie an emotionaler Verfügbarkeit trotz Schlafmangel und alltäglichen Herausforderungen aushalten können. Diese Kapazität ist sicherlich besonders für das Muttersein, aber es ist wichtig zu wissen, dass auch diese Kapazität eine Grenze hat. Das ist okay, jeder Mutter kann es zu viel werden. Sie braucht den Vater des Babys oder eine andere verlässliche Bezugsperson, an die sie abgeben kann, sagen kann, ich bin jetzt gerade nicht zuständig. Das ist besonders bei Babys, die viel weinen und einem das Gefühl geben, unzulänglich zu sein, noch viel wichtiger. Es braucht Pausen, es braucht die Erlaubnis zu sagen: ›Ich kann jetzt nicht mehr.‹ Es braucht die Möglichkeit, innerhalb der Familie und der Partnerschaft auch mal sagen

sagen zu können: ›Es ist mir zu viel und ich hätte gern mein Leben ohne Baby zurück!‹ Das sollte kein Drama sein.«

Wenn du also momentan das Gefühl hast, dass du es nicht mehr aushältst, dann hoffe ich, dass du ein unterstützendes Umfeld hast. Dass du Menschen findest, die dich als Mutter nicht danach beurteilen, ob dein Kind weint. Ich hoffe für dich, dass du Menschen hast, die dir zuhören und Hilfe anbieten. Und ich hoffe, dass du es schaffst, deine eigenen Bedürfnisse, die du in dieser Zeit gaaanz weit nach hinten schiebst, nicht ganz zu vergessen. Du bist wichtig, daran darfst du immer denken.

Ich kann nicht mehr!

»Mach, dass das aufhört.« Das habe ich so oft gedacht, bei jedem meiner Kinder. Und natürlich trotzdem weitergemacht, jenseits meiner Belastungsgrenze. Weil es anders gar nicht ging. Mein Mann und ich haben uns den Abend und die Nacht gleichberechtigt aufgeteilt. Aber in den ersten sechs Monaten der Elternzeit war ich tagsüber allein verantwortlich. Die nächsten acht Monate Elternzeit hat dann zwar mein Mann übernommen, aber weil ich gestillt habe und auch weil ich selbstständig bin, war ich doch immer noch irgendwie greifbar. Das führte oft zu Streit zwischen uns, weil ich, wenn ich ganz ehrlich bin, dachte: »Wieso hat er eigentlich immer mich zur Unterstützung, wo ich das nie hatte?« Es ist eine doofe Kleinigkeit, aber ich schreibe sie hier auf, damit du weißt, dass wir Eltern vermutlich alle irgendwann mal unfaire Gedanken haben. Es würde uns aber helfen, wenn wir mehr darüber sprächen.

Niemals schütteln!

Bevor meine Kinder geboren wurden, hatte ich eine sehr klare Haltung zum Thema Schütteln: Das machen nur Menschen, die ihre Kinder nicht lieben, die sich nicht im Griff haben. Bis ich eines Nachts in genau dieser Situation war. Mein Kind hatte tagsüber geschrien und nachts ging es weiter. Seit Wochen. Ich war vollkommen fertig und brüllte es an, ich würde es jetzt aussetzen. Nicht nur, dass ich mein Kind anschrie, ich merkte sehr deutlich, wie etwas in mir »klick« machte, und ich nur Millisekunden davon entfernt war, mein eigenes Kind zu schütteln. Damit endlich Ruhe ist. Ich wusste, was das Schütteln eines Babys anrichten kann. Ich wusste, dass mein Kind sterben könnte, wenn ich mich nicht im Griff hätte. Und dennoch war ich kurz davor, genau das zu tun. Mein Mann muss das an meiner Stimme erkannt haben, er kam aus dem Schlafzimmer gerannt, nahm mir das Kind ab und schickte mich ins Bett. Daraufhin einigten wir uns, dass zukünftig, wann immer ich sagte, dass ich Ruhe brauchte, er mit dem Kind aufs Sofa umziehen würde, damit ich wenigstens eine kurze Zeit schlafen konnte.

Diesen Moment werde ich nie vergessen, wie ich im Wohnzimmer stand und ganz kurz davor war, meinem Kind Lebensbedrohliches anzutun. Dieses Erlebnis hat sich so sehr eingebrannt, dass ich tatsächlich nie wieder in die Gefahr geriet, eins meiner Kinder zu schütteln. Ich habe laut rumgeschrien vor lauter Verzweiflung und nächtelang vor Erschöpfung geweint. Ich habe gelernt, dass es tatsächlich jeden treffen kann, dass man beinahe die Kontrolle verliert. Und ich merkte, dass ich immer mit meinem Mann reden muss, statt zu hoffen, dass er meine Überforderung bemerkt.

Hier bekommst du Hilfe

Wenn du verzweifelt bist und Angst hast, deinem Kind etwas anzutun, dann solltest du das ernst nehmen. Such dir Hilfe. Es kann passieren, dass du ein paar Tage warten musst, aber die meisten Expertinnen versuchen, innerhalb einer Woche einen Termin zu ermöglichen. Solches Wissen hilft beim Durchhalten in der momentanen Situation.

Elternstimmen

Gabi: »Ich habe meine Tochter auch mal schreien lassen, die Tür zu gemacht und geweint und gelitten, weil ich nicht mehr konnte! Das tut mir heute noch leid, dieses Schreienlassen!«

Franziska: »Manchmal hatte ich den Gedanken, sie aus ihrem Schreien wachrütteln zu wollen, da sie während des Schreiens wie in einer anderen Welt war, zu der ich keinen Zugang hatte.«

Conny: »Meine Mutter hat immer zu mir gesagt, dass ich meine Tochter ins Laufgitter legen und rausgehen soll, wenn ich das Schreien gar nicht mehr aushalte, bevor ich etwas tue, das ich für immer bereuen werde. Dann soll ich schreien, laut Musik hören, etwas trinken, irgendetwas machen, um runterzukommen, fünf Minuten oder weniger. Sie wird immer noch schreien, wenn ich wiederkomme, aber dann werde ich besser mit der Situation umzugehen wissen. Das hat mir geholfen.«

EIN GANZ WICHTIGER HINWEIS: Wenn du in einer Notlage bist und das Gefühl hast, dass du allein nicht mehr weiterkommst, dass du dein Baby verletzen könntest, dann geh in die Notaufnahme. Klingt vielleicht komisch, aber es wird dir in zweifacher Hinsicht helfen. Einerseits kann eine Ärztin auf dein Baby schauen, vielleicht liegt ein medizinischer Grund für das Weinen vor. Aber es ist auch jemand da, der dir zuhört und dir hilft, diesen Tag, diese Nacht durchzustehen. Da die Notaufnahmen immer besetzt sind, findest du da auch zu jedem Zeitpunkt jemanden, der dir helfen kann. Scheu dich nicht, das in Anspruch zu nehmen. Alles, wirklich alles ist besser, als deinem Baby in einem Moment größter Schwäche etwas anzutun, das du den Rest deines Lebens bereust.

Verliert den Humor nicht!

Humor ist etwas, das mir, das uns als Paar durch die dunklen Zeiten hindurchgeholfen hat. Deswegen kann ich dich nur ermutigen, bei all der Anstrengung, all dem Druck, dem Nicht-mehr-aushalten-Können und den blank liegenden Nerven eines nicht zu verlieren: den Humor (auch als Paar). Damit meine ich nicht gehässiges Übereinander-Lachen oder den anderen zu verspotten. Sondern diese liebevollen kleinen Momente des Lachens, die so sehr verbinden und ein Stück Unbeschwertheit und Lebensfreude schenken.

Bei meinem Mann und mir fing das, was ich als eine der schönsten Erinnerungen für uns als Paar aus der Schreibabyzeit mit meiner Tochter zurückbehalten habe, erstmal überhaupt nicht witzig an: Unsere Tochter war knapp fünf Wochen alt und schrie, schrie, schrie. Tagsüber bekam mein Mann das nicht mit, aber abends, nachts und am Wochenende war er dabei und voll involviert. Als meine Tochter so gegen 3 Uhr nachts wach wurde und anfing, wie am Spieß zu brüllen, guckte er mich an und sagte: »Das nervt jetzt aber!«

Ich war vor den Kopf gestoßen und ließ das meinen Mann auch ziemlich deutlich spüren. Was das denn für ein Satz sei, mich würde das alles viel mehr anstrengen, wie gemein ich das fände. Ich fand diese Aussage furchtbar. Die nächsten Tage aber musste ich immer wieder an diesen Satz denken – weil mein Mann einen Punkt getroffen hatte. Die Situation nervte einfach. Der Schlafmangel nervte. Das Geschrei nervte. Die Anspannung und Hilflosigkeit nervte. Es war alles viel zu viel. Wenn ich an den Satz dachte, musste ich inzwischen manches Mal sogar schmunzeln, weil ich mich dann doch verstanden fühlte. Ich ließ diesem Satz dann auf drei Bodys in unterschiedlichen Größen drucken. So begleitete er uns das erste Jahr mit unserem Kind. Diese Art von Humor fand mein Mann zunächst gar nicht so lustig. Aber dann mussten wir beide doch jedes Mal lachen, wenn wir beim Windelwechseln wieder den besagten Body sahen, auf dem »Das nervt jetzt aber!« prangte.

Und so wurde es für kurze Momente leichter, das Leben mit dem viel weinenden Baby. Ein kleines Lächeln, eine Erinnerung daran, dass wir zwei, mein Mann und ich, als Team funktionieren und uns in dieser Zeit gegenseitig unterstützen. Dass wir auch in den schlimmsten Zeiten miteinander lachen können. Für uns waren diese Bodys eine Erinnerung daran, dass es jemand anderen gibt, der in den schweren Zeiten da ist, mit dem man in all dem Wahnsinn lachen kann. Dass wir diese Bodys auch den anderen beiden Kindern in deren ersten Lebensjahren wieder anziehen würden, ahnten wir damals nicht. Aber die Bodys verfehlten auch bei den beiden Jungs ihre Wirkung nicht. Immer, wenn wir sie wickelten, mussten wir daran denken, dass manches mit einem Lachen einfach leichter wird.

Es gibt immer auch Positives

Diese kleine Anekdote bedeutet natürlich nicht, dass das Leben mit einem untröstlich weinenden Baby leicht ist. Ich erwähnte es schon, es gibt kaum etwas, das mit dem Stress der ersten Zeit gleichzusetzen ist. Aber es lohnt sich, sich auch an die wundervollen kleinen Momente zu erinnern.

Die Hebammen Jessica und Lina vom Hebammenteam Erdmutter raten, den Blick für das Schöne nicht zu verlieren. Und wenn dir das selbst nicht gelingt, dann dürfen das auch andere für dich übernehmen. »Als Hebammen versuchen wir in Gesprächen, die Eltern in ihrer Rolle zu bestärken, ihnen immer wieder zu sagen, dass sie nicht versagt haben, nicht schuld sind. Wir hören zu und lassen sie über ihre Gefühle sprechen. Wir spiegeln die Situation, beschreiben, was wir erleben und erkennen. Wir versuchen, den Fokus aber auch auf die positiven Aspekte, die schönen Momente und guten Eigenschaften des Kindes zu lenken. Und darauf, dass die Situation gerade speziell, extrem fordernd und anstrengend ist. Aber das ist vorübergehend. Es wird anders. Irgendwann.«

Einen ganz anderen Ansatz verfolgt die Schreibabyexpertin Anja Hable, die auch ein Kind mit Regulationsstörungen hatte. »Ich weiß, wie erschöpft ich war. Ich will das auch nicht vergessen. Ich bin eine sehr energetische Frau, aber ich bin oft in Überforderung geraten. Eine Triebfeder meiner Arbeit ist, dass Frauen da nicht so lange drinhängen. Wenn einem schöne Momente einfallen, gut. Ich habe viele. Aber ich erinnere mich auch an die anderen und will sie auch gar nicht vergessen. Das ist auch eine Realität.«

Selbst wenn ich wollte, meine Überforderung kann ich nicht vergessen. Ein Großteil meiner Erinnerungen an die ersten Monate mit jedem meiner Kinder ist verschwommen, weil da einfach nur Geschrei war. Verzweifeltes Durch-die-Wohnung-Tigern, das Baby tragen, zischend, brummend, Beruhigendes murmelnd. Eine große Hilflosigkeit, weil ich es scheinbar einfach nicht hinbekam, aus meinem untröstlich weinenden Baby ein zufriedenes Baby zu machen.

Erinnert euch an die schönen Momente!

Es gibt wenige kleine Erinnerungen, die positiv sind. Wie meine Tochter sich beim Wickeln über die Geräusche, die ihr Papa machte, kaputtlachte. Wie mein erster Sohn aufhörte zu weinen, als seine Schwester und ich für ihn ein Lied sangen. Wie wir mit zwei Kindern in den ersten Urlaub fuhren, die Strecke falsch programmierten und erst kurz vor Mitternacht am Meer ankamen. Über uns ein Sternenhimmel und auf dem Arm ein Baby, das staunend die Sterne betrachtete und in dieser Nacht ohne Geschrei ein- und vier Stunden am Stück durchschlief. Dass wir uns überhaupt trauten, Urlaube zu machen. Wir fuhren viel weg und hatten jedes Mal Angst, dass die Kinder nicht aufhören würden zu schreien. Gleichzeitig dachten wir: Im Prinzip ist es egal, wo wir die Kinder beruhigen müssen. Im Zweifelsfall können wir unsere Verzweiflung aber besser übers Meer brüllen als in unsere Wohnung.

Bei meinem zweiten Sohn war einer der schönsten Momente der, als alle drei Kinder krank zuhause waren. Klingt im ersten Moment nach einer Horrorvorstellung, aber die zwei Älteren schafften es tatsächlich, ihren jüngsten Bruder dazu zu bewegen, mit dem Schreien aufzuhören. Stattdessen lächelte er sie an. Ich legte das Baby auf die Couch, die Geschwister drapierten sich rechts und links daneben und kuschelten den schreienden Bruder. Sie sagten mir, ich solle mich kurz hinsetzen, sie würden das übernehmen. Und der Jüngste hörte tatsächlich auf zu weinen, drehte sich nach rechts und links und strahlte übers ganze Gesicht. Dass eine Vier- und ein Zweijähriger sich so kümmern konnten, das hat sich eingebrannt. Vielleicht haben sie sich erinnert, dass es ihnen einmal ähnlich ging und ich für sie ebenso da war, vielleicht auch nicht. Aber meine drei Kinder so als Einheit zu sehen, das rührt mich noch heute zu Tränen.

An welchen schönen Moment denkst du, wenn du an die erste Zeit mit deinem Baby denkst? Versuche für einen Moment die Anstrengung, die Verzweiflung auszublenden. Was macht dich so richtig glücklich? Welchen Moment mit deinem untröstlich weinenden Kind willst du nie vergessen? Was hat sich in dein Herz gebrannt?

Auszeiten? Dass ich nicht lache!

Schreibabys können einsam machen, weil wir Eltern oft unser gesamtes Sozialleben aufgeben, um für unsere Kinder da zu sein. Der Alltag mit Baby ändert sich für alle Eltern, auch für die, deren Babys anspruchsloser sind. Aber wenn dein Baby immer schreit, sobald du nicht in der Nähe bist, dann wirst du schnell einsam. Die meisten Menschen können, so sehr sie es auch verstehen wollen, einfach nicht nachvollziehen, was es heißt, die Bedürfnisse eines Kindes permanent über die eigenen stellen zu müssen. Denn was ist die Alternative? Das Baby stundenlang schreien zu lassen?

Elternstimmen

Julia: »Immer wenn die Maus schlief, lag sie auf einem unserer Bäuche und mein Partner und ich schauten vom Bett aus ›Dr. House‹. Wir haben die Zeit gemeinsam durchgestanden. Ich glaube, das war das, was uns beide getragen hat – das Gefühl, dass man es nicht komplett allein stemmen muss.«

•••

Kerstin: »Irgendwann habe ich begriffen, dass ich das Baby auch mal genießen muss. Deshalb habe ich den Haushalt öfter bewusst liegen lassen und stattdessen in Ruhe jedes Lächeln und freudige Glucksen aufgesaugt, damit es auch ja in meinem Kopf bleibt.«

•••

Cathy: »Wir hatten zahlreiche schöne Momente: das Glück des ersten Lächelns, die Freude in den stolzen Augen beim alleinigen Stehen usw. Aber alles wird überschattet durch das Geschrei.«

•••

Conny: »Es ist schwer, an Schönes zu denken. Vielleicht haben die negativen Momente die wirklich schönen verdrängt und es sind nur Bruchstücke geblieben. Das Glück beim Stillen. Die kleine Hand, die so perfekt in meine gepasst hat.«

•••

Alexander: »Beim ersten Kind war ich oft überfordert von dem Schreien des Babys, aber die ersten Badeversuche mit einem Badeeimer waren so schön. Das Baby war glücklich und ich freute mich über das Baby.«

•••

Yvonne: »Das Lächeln. Dieses Lächeln, abgelöst später durch sein Lachen. Das hat wirklich geholfen und ein bisschen aufgebaut.«

Alle meine Kinder mochten von Anfang an gern Besuch. Da waren sie aufmerksam, ruhig, sahen sich um, wirkten zufrieden. Das stundenlange Gebrüll begann, wenn der Besuch wieder weg war. Bei meiner Tochter habe ich aber, das muss ich gestehen, die Besuche von Freundinnen ausnutzt, auch wenn mir klar war, dass die Folge davon Tränen und Geschrei sein würden. Aber in der Zeit mit Besuch war Ruhe. Ich konnte mich unterhalten, es war leise, ich hatte für eine kurze Zeit das Gefühl, ein ganz normales Baby zu haben. Eins, das mal meckert, aber nicht dauerhaft brüllt. Nach zwei Wochen redete mir mein Mann ins Gewissen. Naja, er motzte mich an. Wieso ich mir täglich Menschen einladen würde, wenn ich doch wüsste, wie schwer es unserer Tochter falle, das zu verarbeiten.

Die klare Antwort war: weil es mir damit besserging. Weil ich zwar die Verbindung zwischen Besuch und zeitverzögertem Gebrüll ziehen konnte, weil ich mir aber auch nicht anders zu helfen wusste in meiner Überforderung. Schließlich war ich die, die das Geschrei den ganzen Tag über aushalten musste. Und neun Stunden Dauergebrüll können einem schnell unendlich lang erscheinen.

Wir einigten uns darauf, dass ich keine Besuche mehr nach Hause einladen und mich stattdessen mit Freundinnen zum Babyspaziergang verabreden sollte. Da meine Tochter das Fahren im Kinderwagen mochte, war das eine gute Möglichkeit, rauszukommen und trotzdem eine Zeitlang mit meinen Freundinnen zusammen zu sein. Das war auch anstrengend, weil ich nie stehen bleiben durfte, aber es ging. Leider haben meine Freundinnen nie verstanden, wenn ich berichtete, wie anstrengend das Leben mit dem Baby war – sie sahen das Kind auch nur fröhlich oder schlafend.

Es geht einfach nicht anders

Wenn andere mich fragten, ob ich vier Monate nach der Geburt wieder mit ihnen ins Kino gehen wollte, musste ich weinen. Bei keinem meiner Kinder war das möglich. Mein Mann kümmerte sich, er wollte, dass ich ausgehe und unter Menschen kam. Aber die Kinder schrien jeden Abend, ließen sich, wenn überhaupt, nur mit Stillen beruhigen. Es erschien uns beiden unfair, den anderen mit dem untröstlich weinenden Baby allein zu lassen. Bis alle Kinder ein Jahr alt waren, war ich sehr selten unterwegs.

Es gab eine Freundin, die mich sehr unterstützt hat. Sie stand bereit, mich abzuholen, wenn ich das Startsignal gab. Dann gingen wir eine Kleinigkeit essen, spazieren, nach anderthalb Stunden war ich wieder zuhause. Diese Zeit konnte mein Mann das Schreien ohne mich aushalten. Für mich war das Freundschaft im Schnelldurchlauf. Und doch tat es unheimlich gut, wenigstens kurz rauszukommen. Es erfüllt mich noch heute mit tiefer Dankbarkeit, dass sie diese stressigen Verabredungen wieder und wieder vorgeschlagen hat.

Mehr Zeit für mich gab es aber nicht, abgesehen von Toilettengängen, die ich so lange wie möglich ausdehnte, um kurz nicht für das schreiende Kind zuständig sein zu müssen. Weder mein Mann noch ich hatten Zeit für uns. Es gab nur das unstillbar weinende Kind, das wir halten und trösten mussten. Und ich gestehe: So ganz habe ich mich auch Jahre später noch nicht wieder daran gewöhnt, dass Zeit für mich selbst wichtig ist. Die Monate und Jahre mit einem untröstlich weinenden Baby prägen. Sie machen einsam, sie treffen ins Mark. Sie sorgen dafür, dass wir uns fast vergessen.

Deswegen der dringende Rat: Lass dich nicht stressen von all den Hinweisen, dass Mütter auch Zeit für sich bräuchten. Das brauchen sie, natürlich. Aber es ist nicht immer machbar. Und statt dich schlecht zu fühlen, weil du das nicht schaffst, nimm die Situation so an, wie sie ist. Ich wünsche dir, dass deine Zeit kommt. Bis es so weit ist, hoffe ich, dass du dich nicht zu sehr stresst und wenigstens in deinem Umfeld Menschen hast, die immer an dich denken und dich aufbauen.

Elternstimmen

Svenja: »Ich habe es alles allein durchgestanden. Ich stand in den ersten drei Monaten jede Nacht alle zwei Stunden auf. Ich schminkte mich nie, rasierte mich nie. Ich bin froh über die Freiheiten, die ich bekam, als er mobil wurde. Das war wirklich eine große Rettung. Jetzt, wo er läuft, ist es noch einfacher. Mittlerweile kann ich oft auch mal abends, wenn er eingeschlafen ist, einen Film gucken. Im Wohnzimmer. Purer Luxus!«

Alexander: »Es gab wenig Me-Time – vor allem nach der Geburt der Geschwister. Beim ersten Kind habe ich manchmal die Zeit genutzt, in der Mutter und Tochter morgens geschlafen haben, und bin um halb sieben aufgestanden, um ein wenig Sport zu machen.«

Conny: »Ich habe das Glück, dass meine Eltern meine Tochter einmal im Monat zwei Nächte nehmen, seit sie etwa zehn Monate alt ist. Davor war meine Mutter auch einfach mal da, um sich um sie zu kümmern, damit ich kurz mal was anderes machen konnte. Nicht täglich, aber doch so einmal die Woche, das war schon sehr hilfreich.«

Michelle: »Ich fing gut zwölf Wochen nach der Geburt mit der Rückbildung an. Der Kurs fand abends ohne Kind statt. Rückblickend würde ich das nie wieder machen. Es war für uns alle ein großer Stressfaktor. Der Papa passte in dieser Zeit auf, jedoch bekam ich einige Male die Nachricht, dass ich doch recht fix heimkommen sollte, da der Zwerg arg nach mir verlangte. Allein mein Anblick reichte aus, damit sich die Situation etwas beruhigte. Die eineinhalb Stunden waren keine entspannte Me-Time. Ich war gedanklich immer bei meinen Männern und konnte es nicht genießen.«

Zeit zu zweit

Es gibt nicht nur den Wunsch nach Zeit für sich selbst, es gibt auch den Wunsch nach Paar-Zeit. Zeit, um allein mit dem Partner oder der Partnerin etwas zu erleben, essen oder ins Kino zu gehen. Oder wenigstens allein auf dem Sofa zu sitzen und sich zu unterhalten. Beim ersten Kind spürte ich einen wahnsinnigen Druck, dass mein Mann und ich nicht nur Eltern sein, sondern eben auch ein Paar bleiben sollten. Ich las darüber, ich wurde darauf angesprochen. Wann wir denn eine Date-Night hätten, wurde gefragt, und ob wir für das wenige Monate alte Kind schon eine Babysitterin organisiert hätten. Ich war verwirrt. Nicht nur, dass ich keine Zeit für mich hatte, auch für uns als Paar gab es keinen Ausweg. Ich konnte meinen Mann nicht mit dem schreienden Kind allein lassen. Wie sollten wir es dann einem fremden Menschen anvertrauen?

Lasst euch nicht unter Druck setzen!

Wieso ist das überhaupt ein Thema? Wieso scheint es die goldene Regel zu geben, dass Eltern unbedingt kurz nach der Geburt ihr Kind von jemand anderem versorgen lassen, um zu zweit auszugehen? Versteh mich nicht falsch, wenn es das ist, wonach du dich sehnst, dann spricht auch nichts dagegen. Aber es ist kein Muss. Und was Eltern von untröstlich weinenden Babys auf keinen Fall brauchen, ist noch mehr Druck, dass sie auch in diesem Punkt irgendwelchen Erwartungen entsprechen müssen. Du musst gar nichts, außer mit deinem Partner, deiner Partnerin, gut durch diese Zeit zu kommen. So, wie es für euch beide passt.

Für uns passte ein Paarabend nicht. Davon abgesehen, dass wir niemanden kannten, der unser Kind betreuen konnte, gab es auch niemanden, dem wir das viel weinende Baby überhaupt hätten anvertrauen können. Das Kind schrie und schrie und schrie, wie hätten wir es da allein lassen können?

Das erste Mal als Paar unterwegs waren wir, als unsere Tochter fast anderthalb Jahre alt war. Die Schreibabyzeit lag hinter uns, wir hatten eine Babysitterin. Der Abend war eher katastrophal, mein Mann und ich waren tatsächlich nicht mehr gewöhnt, unter Menschen zu sein. Ich habe einen Artikel darüber geschrieben, der dich vielleicht zum Lachen bringt. Unter https://runzelfuesschen.de/das-erste-mal-ausgehen-ohne-kind/ kannst du ihn lesen.

Als mein erster Sohn geboren wurde und ebenfalls untröstlich weinte, gingen wir in den ersten beiden Jahren nicht aus. Bei meinem dritten Kind war die einzige Paar-Zeit, die wir hatten die, als mein Mann mich ins Krankenhaus brachte, weil es mir nicht gut ging. Die zwei größeren Kinder wurden von einem befreundeten Paar betreut, der Jüngste war bei uns.

Ich kann mich nicht erinnern, dass mir Paar-Zeit in der aufreibenden Zeit mit untröstlich weinendem Kind je gefehlt hätte. Ich habe Zeit für mich allein vermisst, das ja. Aber Zeit für uns als Paar, das nie. Wir verbrachten die Abende mit dem schreienden Kind zusammen, hatten zwar keine Zeit für Netflix & Co, aber Zeit, um zu spüren, dass der andere da ist. Das Wissen, dass wir diese besonders herausfordernde Zeit als Paar gemeinsam überstehen, hat unserer Partnerschaft gutgetan. Dass wir in den schlimmen Zeiten, in denen jeder von uns auch mal davonrennen wollte, zueinander gehalten und uns gegenseitig Mut gemacht haben, hat unsere Beziehung mehr gestärkt, als ein Restaurantbesuch es je gekonnt hätte.

Was tut euch beiden gut?

Was für mich gut funktioniert hat, muss für dich nicht zwangsweise auch gelten. Es ist vollkommen legitim, dass du Exklusivzeit mit deinem Partner, deiner Partnerin vermisst. Vielleicht gibt es jemanden in deinem Umfeld, die oder der sich zutraut, dein Baby zu nehmen, um euch ein paar Stunden Auszeit zu ermöglichen. Vielleicht könnt ihr gemeinsam die Mittagspause nutzen, statt abends essen zu gehen.

Elternstimmen

Jan: »Paar-Zeit machen wir im Vergleich zu anderen Paaren in unserem Umfeld kaum. Wir finden es beide ziemlich umständlich, einen Babysitter zu haben, nur um ein paar Stunden abends irgendwo zu sein, statt einfach gemeinsam auf dem Sofa zu sitzen. Wir gehen lieber zusammen mittagessen, wenn die Kinder in Kita und Schule sind.«

Julia: »Wir haben uns immer mal wieder fünf Minuten genommen, wenn die Maus gerade gut drauf war oder einer meiner engsten Freunde sie für uns trug. Aber mir reichte damals (genauso wie heute) ein gutes Lied, das ich kurz aufdrehen und dabei durch die Gegend tanzen konnte. Wenn der Kleinste wieder den ganzen Tag weint (und das macht er wirklich oft), bekommt mein Mann ihn abends in den Arm gedrückt und ich setze mich mit einem Obstteller vor den Fernseher und klinke mich bewusst aus. Kleinigkeiten, wie der Abschiedskuss, wenn einer das Haus verlässt, oder beim Morgenkaffee im Stehen einfach mal in den Arm genommen zu werden, verbinden mehr, als eine übermüdete Date-Night, finde ich.«

Michelle: »In der Schreibabyzeit habe ich keinen Gedanken an eine Paar-Zeit gehabt. Ich war froh, wenn wir uns um unser Kind kümmern konnten und es uns allen gut ging. Ich habe meinen Mann ab und zu gefragt, ob ihm die Zeit als Paar ganz ohne Kind fehlt und er verneinte. Wir genossen und genießen die Zeit als Familie. Es gibt so viele tolle, aufregende Momente und wir sind glücklich, diese gemeinsam erlebt zu haben und weiterhin erleben zu können.«

Vielleicht könnt ihr, anstatt zusammen feiern zu gehen, gemeinsam zur Musik im Radio tanzen. Das geht auch mit weinendem Baby auf dem Arm ganz gut und entlastet euch vielleicht ein wenig, wenn ihr als Paar die Sorgen mal kurz »wegzappeln« könnt. Das weinende Baby nimmt keinen Schaden davon, wenn ihr es an euch drückt, tanzt und es spürt: Meine Eltern sind für mich da.

Vielleicht kann dein Partner etwas Schönes für euch kochen oder deine Partnerin nimmt dir das Baby ab und ihr macht es euch zuhause schön. Wenn dein Baby gerade nicht schreit und vielleicht sogar schläft, macht es euch gemeinsam auf der Couch gemütlich und schaut euch einen Film an, den ihr im Kino verpasst habt. Was immer euch glücklich macht, ist einen Versuch wert.

All diese Vorschläge sind natürlich kein echter Ersatz dafür, dass ihr als Paar ausgehen wollt. Aber sie sind kleine Alternativen für den Moment. Am Ende geht es vor allem darum, dass ihr euch als Paar nicht aus den Augen verliert.

Gut gemeinte Tipps von Fremden

Kennst du den Spruch »Ratschläge sind auch Schläge«? Eigentlich geht man davon aus, dass Menschen, die einem Tipps geben, es gut mit einem meinen. Aber als Eltern eines Schreibabys lernt man schnell: Nicht alles, was gut gemeint ist, ist auch gut gemacht. Weil Babygeschrei niemanden kalt lässt, bekommst du bestimmt auch ganz viele Ratschläge, um die du nie gebeten hast. Schütze dich davor, so gut es geht, vor allem, indem du klar sagst, dass das im Moment keine Hilfe ist. Wichtig ist auch, dass du dich frei von den Ansprüchen anderer machst.

Niemand, wirklich niemand weiß, wie es dir geht. Zunächst einmal wissen die wenigsten Menschen, wie sehr du unter der Situation leidest, wie lange dein Baby schon weint. Andere sehen immer nur Ausschnitte deines Lebens. Sie sehen das, was du ihnen zeigst. Ich habe nur ganz wenigen Menschen von dem Weinen meiner Kinder erzählt. Am Anfang dachte ich, dass das in allen Familien so sei, dass die Kinder viel weinen. Bei den zwei Jungs wusste ich dann, dass es nicht so ist, dass es aber auch nicht meine Schuld ist. Und trotzdem habe ich nur wenige eingeweiht, vor allem, weil ich die Kommentare der anderen kaum ertragen konnte. Alle hatten einen Tipp, was beim eigenen Kind geholfen hat. Ich aber wusste inzwischen: Es gab keine organische Ursache für das Weinen, keine Bauchschmerzen, keinen Hunger. Die meisten Ratschläge waren also schlicht nutzlos.

Außerdem zielen die allermeisten Ratschläge darauf ab, das Weinen deines Kindes zu unterdrücken. Dabei hast du selbst schon festgestellt, dass das nicht geht. Natürlich kann es helfen, Tipps von Eltern anzunehmen, die auch ein viel weinendes Baby hatten – deswegen gibt es in diesem Buch auch so viele davon. Aber vielleicht nicht von Opa Siegfried oder Tante Klara, die so gar keine Ahnung vom Leben mit einem Schreibaby haben und die im Zweifelsfall vielleicht auch nur wollen, dass der Krach aufhört.

Lass dich nicht verunsichern!

Ich erinnere mich, dass ich mit dem untröstlich weinenden Sohn in der Bahn unterwegs war, ich musste meine Tochter aus der Kita abholen. Ich fühlte mich zu schwach, um meinen Sohn zu tragen, und hatte deswegen den Kinderwagen dabei. Was für meinen Sohn nicht in Frage kam, er schrie und schrie und schrie. In dieser Situation war ich schon total angespannt und fokussierte mich komplett auf mein Baby. Ungefragt bekam ich noch lauter Ratschläge: Dem Baby sei zu heiß oder zu kalt. Wieso ich so herzlos sei und ihn nicht endlich hochnehmen würde. Ein Mann drehte sich zu mir um, musterte mich und rief mir dann zu, ich hätte noch 30 Sekunden, mein »Blag ruhigzukriegen«, sonst würde er das übernehmen. Mein Sohn schrie weiter. Ich nahm ihn unter Tränen und Schmerzen hoch und stieg an der nächsten Haltestelle aus, weil ich die Hinweise nicht mehr ertragen konnte. Ich trug meinen Sohn im Tragetuch zur Kita und schob den

Kinderwagen wie eine Gehhilfe vor mir her. Auf dem Rückweg packte ich mein Baby wieder in den Wagen, ich konnte einfach nicht mehr. Er schrie und wieder gab es Tipps. Ob die Windel voll sei, ob ich ihm schon Milch gegeben hätte usw. Ich war so froh, als wir endlich wieder zuhause waren, dass ich dort vor Entkräftung und Erschöpfung den ganzen Nachmittag weinte. Zusammen mit meinem Baby, das sich nicht beruhigen konnte.

In dem Moment in der Bahn war ich zu schwach, mich gegen diese Übergrifflichkeiten zu wehren. Das Problem ist: Jede einzelne Person möchte dir einen Tipp geben und niemand weiß, wie oft du genau das, was sie sagt, schon gehört hast. Sie sehen vielleicht, wie verzweifelt du deinen Kopf ganz nah an dein Baby drückst, ihm gut zuredest. Aber sie verstehen nicht, dass das für untröstlich weinende Babys manchmal nicht reicht. Sie begreifen nicht, dass dein Baby stundenlang brüllt, jeden Tag. Dass du alles tust, was du kannst, und doch immer das Gefühl hast, es sei nicht genug.

Auch Kommentare wie »Die hat aber kräftige Lungen« oder »Der will dich nur manipulieren« helfen nicht. Kinder manipulieren nicht. Untröstlich weinende Babys sind verzweifelt. Und du als Mutter oder Vater bist es oft genug auch. Da können solche Bemerkungen verunsichern und verletzen. Wenn du dich unsicher fühlst, weil andere Menschen sagen, das Problem liege bei dir, dann lass dir von mir sagen: Das stimmt nicht. Du tust, was du kannst. Das Ziel ist nicht, einem weinenden Baby immer den Mund zu verbieten. Weinen ist die einzige Art, wie sich ein Baby äußern kann. Nur weil viele Menschen sich davon gestört fühlen, musst du nicht immer und um jeden Preis dafür sorgen, dass dein Baby ruhig ist.

Der vielleicht einzige Rat, auf den du wirklich hören solltest, ist der, für dich zu sorgen. Halte Menschen und ihre Ratschläge auf Abstand, wenn du das Gefühl hast, dass sie dir nicht guttun. Du bist in der Situation, dass du Tag und Nacht, 24 Stunden rund um die Uhr mit deinem untröstlich weinenden Baby zusammen bist. Du bist die Expertin für dein Kind, du weißt was ihm und dir guttut. Niemand sonst.

Elternstimmen

Daniela: »Ich hatte eine Situation, die mich sehr geprägt hat und die mich bis heute beschäftigt. Unser Sohn, etwa 10 Monate alt, und ich waren bei meinen Eltern zu Besuch. Er sollte Mittagsschlaf machen und es war mal wieder sehr anstrengend und laut. Meine Mutter gab mir den Tipp, ihn einfach mal ins Bett zu legen und schreien zu lassen. Er werde sich schon irgendwann beruhigen. Ich vertraute ihr natürlich und ließ ihn allein, war aber selbst in Tränen aufgelöst. Irgendwann hörte das Weinen auf und als ich in das dunkle Zimmer horchte, schien er ruhig zu schlafen. Als er nach zwei Stunden immer noch schlief, beschloss ich ihn zu wecken, damit er am Abend noch schlafen konnte. Als ich in das dunkle Zimmer ging, bin ich gegen meinen Sohn getreten, der aus seinem Bettchen gefallen war, sich im Dunkeln aber nicht weiter orientieren konnte und dort auf seiner Decke vor Erschöpfung eingeschlafen war. Ich werde mir das nie verzeihen. Denn ich wusste ganz genau, dass es falsch war, was ich da getan hatte.«

•••

Conny: »Gestresst haben mich dabei vor allem die Kommentare fremder Personen, so Sätze wie: ›Was hat sie denn?‹, ›Ist ihr zu warm/zu kalt?‹ oder ›Hat sie Hunger/eine volle Windel?‹ Oft auch sowas wie: ›Geht es noch lauter?‹, ›Jetzt machen Sie doch mal was!‹ Aber auch im Bekannten-, Freundes- und Familienkreis gab es negative Stimmungen, bis hin zu Menschen, die offen gesagt haben, dass sie genervt sind vom ständigen Schreien meines Babys, und die sich auch von uns zurückgezogen haben. Das kam oft von Eltern mit ruhigen Kindern.«

Zusammenfassung

Vorsicht Überforderung!

Ein dauerschreiendes Baby ist ganz schön stressig. Bevor du die Nerven verlierst und dein Baby schüttelst oder ihm sonst was antust, such dir Hilfe.

Denk an die schönen Momente!

Das viele Geschrei kann dafür sorgen, dass du vergisst, was für bezaubernde Momente ihr miteinander teilt. Schreib sie auf, halt sie fest, damit du dich nicht immer nur an Geschrei erinnerst.

Zeit für dich

Du brauchst Zeiten für dich allein, um dich danach wieder gut um dein Baby kümmern zu können. Schau, wie das ermöglicht werden kann, hol dir Unterstützung dafür.

Zeit als Paar

Vergesst euch nicht. Ihr müsst keine Babysitterin organisieren, wenn das für euch und euren Nachwuchs nicht passt. Zuhause ist es auch schön. Aber habt euch im Blick, nehmt euch Zeit für Gespräche.

Ratschläge können auch Schläge sein

Nimm nur die Ratschläge von anderen an, die für dich passen. Es gibt keine Verpflichtung, alles auszuprobieren oder überhaupt nur anzuhören. Schütze dich vor Schuldzuweisungen.

Über Tabus reden

Wir Eltern glauben, dass wir schuld sind an dem Geschrei unserer Kinder, weil wir es nicht schaffen, sie zufriedenzustellen, sie glücklich zu machen, los zu lassen. Aber das stimmt nicht. Ich las immer wieder in Artikeln und Büchern davon, dass ich mein Baby nur richtig »lesen« müsste, dann könnte ich nicht nur zuverlässig vorhersehen, wann mein Kind weinen würde, sondern wüsste auch, wie sich das verhindern ließe.

Vielleicht funktioniert dieser Rat bei normal weinenden Babys, ich kann es nicht sagen, weil alle meine Kinder Schreibabys waren. Aber ich verzweifelte daran, dass ich so offensichtlich die einfachsten Basics nicht begreifen konnte. Meine Kinder schrien ohne ein erkennbares Muster, ohne dass ich einen Auslöser finden konnte. Und sie ließen sich auch nicht nach Schema F beruhigen. Sie schrien, wenn sie wach waren, wenn sie müde wurden, wenn sie übermüdet waren. Ich habe nie den alles entscheidenden Trick gefunden, um sie zu beruhigen, und ich habe auch nie vorhersagen können, wie der Tag verlaufen wird. Wird mein Kind viel oder weniger weinen? Wird es sich schnell beruhigen lassen oder immer wieder losbrüllen? Ich wusste nur: Ich muss den Tag rumbekommen. Ich darf mein Baby nicht schütteln. Ich darf es nicht irgendwo aussetzen, ich muss das alles irgendwie überstehen.

Jessica und Lina vom Hebammenteam Erdmutter, erklären dazu: »Eltern müssen lernen, ihr Kind zu verstehen. Und das tun sie auch, intuitiv, nach und nach. Mit der Zeit, die es eben braucht, um einen neuen Menschen, der sich jeden Tag (weiter)entwickelt und Fortschritte macht, kennen- und verstehen zu lernen. Trotzdem lassen sich damit nicht alle Probleme lösen. Manchmal verstehen Eltern ihr Kind, sie verstehen, warum es weint und schreit, und trotzdem hört das Schreien nicht auf. Manchmal muss und möchte ein Kind schreien, um etwas loszuwerden, etwas zu verarbeiten. Und dann können die Eltern oft nur da sein und begleiten. Und akzeptieren, dass die Situation jetzt gerade so ist, und vielleicht auch noch ein wenig länger, aber sicher nicht für immer. Das ist natürlich deutlich leichter gesagt als getan. Genauso wie Ruhe zu bewahren, wenn das Kind schreit und es sich nicht beruhigt, man sich wie die schlechteste Mutter oder der schlechteste Vater des Planeten fühlt und eben nicht das Gefühl hat, sein Kind zu verstehen. Sondern man hat im Gegenteil sogar Angst, etwas ganz Wichtiges zu übersehen.«

Bin ich eine schlechte Mutter?

Ich habe, als eines meiner Kinder untröstlich schrie, eines Nachts damit gedroht, das Kind auf die Straße zu stellen, weil ich einfach nicht mehr konnte. Sinnlos, diese Wut an meinen Nachwuchs zu richten, der erschrak wegen meiner lauten Stimme und weinte noch mehr.

Wann immer ich anderen von meiner Verzweiflung in dieser Situation erzählte, war die Reaktion dieselbe: schockierte Gesichter und die Nachfrage, ob ich mein Kind denn nicht liebte. Ich begann mich zu erklären, bat um Verständnis und dachte darüber nach, was für eine schlechte Mutter ich wohl sei, wenn alle anderen diese Verzweiflung nicht kannten. War ich schuld, dass ich das alles nicht mehr ertrug? Zum Glück verstand mein Mann meine Wut, meine Hilflosigkeit, weil es ihm ähnlich ging (wobei er nie wütend auf unsere Kinder war). Ich überlegte, ob es besser wäre, künftig nicht mehr darüber zu reden, wie sehr an den Rand des Ertragbaren mich meine Kinder brachten. Wie sehr ich mir manchmal wünschte, dass sie nicht da wären. Scheinbar war ich die falsche Mutter für sie. Ich konnte sie nur schlecht beruhigen und andere Menschen vermittelten mir, dass ich sie auch nicht lieben würde, wenn ich solche schwarzen Gedanken hätte.

Meine Rettung war, dass ich mit meinem Mann, einer Freundin, meiner Hebamme, dem Kinderarzt und der Physiotherapeutin von Anfang an Menschen hatte, die mir das Gefühl gaben, dass das alles sein darf. Sie verurteilten mich nicht, sondern bestärkten mich immer darin, laut auszusprechen, was mich gerade umtrieb und quälte. Sie alle wussten: Je mehr ich darüber sprach, umso weniger wurde die Aggression. Weil ich ohne Filter aussprechen durfte, was ich meinen Kindern in Gedanken alles antun wollte, damit das Geschrei aufhörte, kam es nie dazu, dass ich die Beherrschung verlor.

Mein Baby überfordert mich

Als mein erster Sohn geboren wurde und nach einer sehr schwierigen Zeit im Krankenhaus zunächst ganz ruhig und entspannt war, wähnte ich mich im großen Glück. Endlich die entspannte Babyzeit, die mir mit meiner Tochter verwehrt war. Als er wenige Wochen alt war, fing er an zu schreien, lauter, ausdauernder und länger, als seine Schwester es je getan hatte. Er war untröstlich und ließ sich kaum beruhigen. Wenn er wach war, schrie er. Ich war verzweifelt, ich war geschwächt und ich hasse mich und ihn. Weil ich mich wieder um die Babyzeit betrogen fühlte, weil ihn nichts trösten konnte und weil er mich zunächst in Sicherheit gewogen hatte, dass er nicht schreien würde.

Als er acht Wochen alt war, war ich beim Kinderarzt, der meine Not erkannte, mich in den Arm nahm, mir ein Rezept für die Physiotherapie und den sozialpädiatrischen Dienst ausstellte. Ich ging zur Physiotherapie, aber nicht zum sozialpädiatrischen Dienst, weil ich mich außer Stande sah, in mein Leben mit Kleinkind und Baby und

Alltag noch einen Termin für eine Schreibabystunde zu quetschen, bei der, so dachte ich, mir auch nicht geholfen werden könnte. Denn für mich war klar: Nichts und niemand kann das Schreien verhindern, außer ich gebe das Kind weg.

Über all die negativen Gefühle, über all die Wut, die Eltern erfassen kann, wenn ihr Baby sie anschreit und sich nicht beruhigen lässt, wird viel zu wenig gesprochen. Es ist eins der größten Tabus heutzutage, zuzugeben, dass einen das eigene Kind überfordert. Dabei ist es menschlich. Unstillbar weinende Kinder gehen an die Substanz. Weil das Weinen nicht aufhört, weil sich die Kinder kaum beruhigen lassen, weil wir alles tun, um das Baby zufriedenzustellen. Deine Grenzen wirst du dabei immer zugunsten deines Kindes verschieben, was am Ende dazu führt, dass du total erschöpft bist und vielleicht auch Hassgedanken auf dein Kind entwickelst. Das ist verstörend und macht Angst.

In diesem Kapitel kommen viele Eltern zu Wort, die genau diese Gedanken auch kennen und sie aussprechen. Damit du weißt: Auch mit den ganz dunklen Gedanken bist du nicht allein. Und ein erster wichtiger Schritt ist, sie jemandem gegenüber auszusprechen.

Anschreien, Ignorieren, Schütteln

Konntest du dir vor deinem Schreibaby vorstellen, jemals Gewalt gegenüber einem Säugling anzuwenden? Dieses kleine Wesen, das da in deinem Bauch heranwächst, anzuschreien? Oder es vielleicht mit seinem Geschrei zu ignorieren?

Vermutlich nicht! Dem hat die Natur eigentlich vorgebeugt, denn wir Eltern, besonders wir Mütter, werden von Hormonen geflutet, allen voran vom Oxytocin, dem Liebeshormon, das dafür sorgt, dass wir schnellstmöglich nach der Geburt eine Bindung zu unserem Kind aufnehmen, dass Liebe entsteht. Ich schreibe bewusst entsteht, denn es ist keinesfalls so, wie dir alle Welt glauben machen will, dass du dein

Elternstimmen

Miriam: »Mein Sohn schrie mir mein Versagen ins Gesicht. Wie oft hört man, dass eine Mutter instinktiv weiß, was ihr Baby braucht und eine unüberwindbare Verbindung besteht. Heute weiß ich, dass sie existiert, aber damals dachte ich, dass mich das Kind für den unfähigsten Menschen auf der Welt hält.«

⋯

Conny: »Als es eigentlich nicht mehr auszuhalten war, habe ich mir gewünscht zu sterben. Damit ich es nicht mehr aushalten muss und meine Tochter endlich die Mutter bekommt, die alles besser machen wird als ich, bei der sie nicht mehr schreien muss.«

⋯

Jan: »Die größten Probleme, unabhängig vom Schreikind, bereitet es mir, wenn ich dem Kind nicht helfen kann. Das Kind schreit, schreit, schreit, ich tröste, ich schuckle, ich trage, ich singe, ich mache alles, aber ich bin chancenlos. Irgendwann werde ich dann wütend, aber eher auf mich, weil ich den Anspruch habe, für mein Kind da sein zu können.«

⋯

Yvonne: »Ich kann mich noch sehr gut an die Schreibabyzeit erinnern, auch wenn manches in einem Nebel verschwimmt. Man musste aus Selbstschutz einige Mechanismen finden, um diese Zeit zu überstehen. Anderen sage ich inzwischen die Wahrheit: Es war die Hölle. Schreien mit dem ständigen Geräusch des laufenden Föhns auf Kaltstufe. Wir waren müde, völlig fertig, überfordert und nichts von dem, was wir uns vorgestellt hatten, trat ein. Sein Vater beschreibt es anders, aber ich habe gemerkt, dass es anderen hilft, wenn man ehrlich ist und auch für sich selbst nichts mehr beschönigt, deshalb bin ich da inzwischen sehr offen.«

Baby sofort in der Sekunde liebst, in der es auf die Welt kommt. Bei manchen Müttern ist das so. Aber es ist genauso okay, wenn die Liebe Zeit braucht. Meine Hebamme damals fasste das ganz einfach zusammen: Es ist wie es im Leben sonst auch ist. Es gibt Liebe auf den ersten Blick und es gibt Liebe, die sich entwickelt. Warum sollte es bei deinem Kind anders sein?

Reden hilft gegen Wut und Verzweiflung

Wenn du dir also Sorgen machst, dass alle anderen ihre Kinder von Tag eins an lieben und dieses Gefühl bei dir auf sich warten lässt: Das ist okay. Rede mit jemandem, dem du vertraust, darüber. Gerade auch Eltern von Schreibabys können mit dieser Situation total überfordert sein. Du kümmerst dich um dieses schreiende Bündel Leben und spürst mehr Verantwortung als Liebe, das ist unglaublich hart. Sich das einzugestehen, ist ein erster Schritt in die richtige Richtung. Denn du brauchst all deine Kräfte für dein unstillbar weinendes Kind. Deshalb solltest du mit jemandem darüber reden können, was dich bedrückt. Möglichst bevor aus dem Reden ein Anbrüllen wird, weil du mit der Situation total überfordert bist.

Ich kann diese Überforderung verstehen, ich war selbst oft an diesem Punkt. Es ging nichts mehr, ich brüllte meinen schreienden Säugling an, er möge doch endlich still sein. Das Baby erschrak, weinte dann aber weiter. Und ich fühlte mich schlecht, weil ich nun auch laut geworden war, etwas, das ich doch nie wollte. Ich hielt meinen Sohn im Arm und während er schrie, dachte ich darüber nach, ob es nicht besser gewesen wäre, nicht noch ein Baby zu bekommen. Ich schämte mich unendlich. Aber ich sprach mit meinem Mann darüber. Erzählte ihm von meiner Überforderung, meiner Wut auf unsere Kinder. Und er hörte zu. Ich brauchte keine Tipps, wir beide wussten relativ schnell, dass wir da einfach durchmussten. Aber mir half es, dass ich mit jemandem, dem ich vollkommen vertraue, über die belastende Zeit und meine negativen Gedanken und Gefühle sprechen konnte.

Reden ist auch der Schlüssel im Kampf gegen das Schütteln. Du hast sicher schon darüber gelesen, wie gefährlich es ist, ein Baby zu schütteln. Es kann zu Hirnverletzungen oder sogar zum Tod kommen. Und obwohl Eltern das wissen, passiert es immer wieder, dass Säuglinge geschüttelt werden und dann ärztliche Hilfe benötigen. Das liegt daran, dass das Schütteln ein Impuls ist, den Eltern, die längere Zeit unter Druck standen, ganz schwer unterdrücken können. Es ist dieser eine Moment, in dem dann alles zusammenbricht.

Wir Eltern wissen im Grunde sehr genau, was richtig und was falsch ist. Was wir nicht wissen ist, wie viel Überwindung es manchmal kostet, nicht das Falsche zu tun, weil wir so am Ende sind. Damit du nicht in diese Situation gerätst, ist der erste, wichtigste Tipp: Sprich aus, was dich bedrückt! Rede darüber. Mit deinem Partner oder deiner Partnerin, mit deiner Familie, mit einer Fachperson. Wo immer du das Gefühl hast, dich öffnen zu können, sag, was dich bedrückt – bevor du etwas tust, was du für den Rest deines Lebens bereust.

— *Zuerst sollte man Gefühle wahrnehmen, dann aussprechen und erst dann agieren.* —

Rose Volz-Schmidt, Gründerin von wellcome

Es gibt drei Schritte, die im Umgang mit Gefühlen helfen können, sagt Rose Volz-Schmidt von wellcome. (Die gemeinnützige Organisation wellcome unterstützt Eltern im ersten Jahr mit Baby auf ganz lebenspraktische Weise. Im Kapitel »Welche Art Hilfe brauchst du?« findest du weitere Informationen zu wellcome (Seite 167).) »Es ist wahnsinnig wichtig, wahrzunehmen und auch auszusprechen, dass da eine Aggression gegen das Kind vorhanden ist. Das ist hilfreicher, als sehr lange nichts zu sagen und dann auf einmal zu explodieren und nur noch zu agieren. Dann kann es passieren, dass das Baby tot geschüttelt wird oder ihm schwere Hirnschäden zugefügt werden. Es ist doch viel besser, die Gefühle zuzulassen, wahrzunehmen: Ich bin wahnsinnig wütend auf mein Baby, habe aber gleichzeitig auch Schuldgefühle deswegen.«

Denn natürlich sind diese widerstreitenden Gefühle da. Liebe ist komplex und was für eine Partnerschaft gilt, das gilt auch für die Liebe zu deinem Kind. Natürlich lesen wir alle immer überall von der unerschütterlichen Liebe zum eigenen Nachwuchs. Was wir weniger lesen: Eltern schaffen es nicht, immer bedingungslos zu lieben. Wenn wir ausgelaugt, erschöpft oder chronisch übermüdet sind, dann fällt es uns schwerer, mit den Anforderungen des Alltags umzugehen. Dann ist da immer noch sehr viel Liebe für das Baby, aber auch Überforderung. Und darüber solltest du reden – lange bevor du an deine Grenzen kommst und dein Baby im Affekt schüttelst.

Ein paar Minuten zum Durchatmen

»Meiner Meinung nach kann ein emotionaler Ausbruch, zum Beispiel das Schütteln des Babys, schwerwiegendere körperliche und psychische Folgen haben als die unerfüllte Frage des Babys nach sofortiger Aufmerksamkeit. Wenn ein Säugling frisch versorgt ist, kann man ihn durchaus mal kurz schreien lassen, um selbst wieder Luft zu holen, Kräfte zu sammeln – sich zu erden«, sagt Physiotherapeutin Susann Siegert.

Solltest du also die »Erlaubnis« brauchen, dein Baby kurz gut versorgt und sicher abzulegen, weil du mit der aktuellen Situation überfordert ist, dann lies den letzten Satz nochmal genau durch. Es ist okay, dein schreiendes Baby kurz abzulegen. Gleichzeitig muss natürlich klar sein, dass du dein Baby wirklich nur kurz, so lange wie du brauchst, um dich zu sammeln, allein schreien lässt. Hier musst du feinfühlig sein und deine Bedürfnisse wahren, die deines Kindes aber nicht übergehen.

»Ein Baby systematisch unbegleitet schreien zu lassen, geht in unseren Augen gar nicht. Das Kind lernt dadurch einzig und allein, dass die Eltern nicht kommen, wenn es sie braucht«, sagen die Hebammen Jessica und Lina. »Wir ziehen den Hut vor allen Eltern von ›Schrei-Babys‹ und bewundern ihre Kraft, ihre Nerven, ihre Zuversicht, ihr Durchhaltevermögen, ihre unerschütterliche Liebe. Gerade für Eltern von Kindern, die sie besonders fordern, ist es wichtig, ihre Grenzen zu kennen, sie zu beachten und zu wahren. Wenn das bedeutet, dass man für einige Minuten den Raum mit dem schreienden Kind verlassen muss, damit weder Mutter oder Vater noch das Kind zu Schaden kommen, dann ist das so. Ruhe finden, seine Kräfte sammeln, Hilfe holen … Wenn ich danach gestärkt, ruhiger und stabiler zu meinem Kind zurückkehren kann, bin ich ihm eine bessere Hilfe und Unterstützung, als ich es gewesen wäre, wäre ich geblieben. Wir würden jeden loben und in dieser Vorgehensweise bestärken. In einer Situation, in der man an seiner Grenze oder bereits darüber hinaus ist, so besonnen und achtsam zu reagieren, ist bewundernswert.«

> *Es ist besser, das Kind sicher abzulegen und allein schreien zu lassen, als ihm aus der totalen Überforderung etwas anzutun, das man sicherlich hinterher bereuen wird.*
>
> Jessica und Lina, Hebammen

Eine Kinderärztin berichtete mir mal, dass sie ihren Sohn, der ebenfalls unstillbar weinte, öfter allein ins Bett legte, um vor der Tür durchzuatmen. Weil sie immer daran dachte, dass es ihm noch gut ging, solange er schrie. Ihr hingegen vor der Tür ging es nicht mehr so gut. Die kurze Auszeit hat sie aber gebraucht, um sich zu sammeln und ihrem Sohn danach wieder mit Aufmerksamkeit zu begegnen, um die nächsten Stunden das Weinen zu begleiten.

Dr. Susanne Hommel von der SchreibabySprechstunde Hamburg erlebt das in ihrem beruflichen Alltag bei vielen Eltern: »Alle Eltern berichten, dass sie sich phasenweise als nicht ausreichend kompetent erleben. Als nicht gute Mutter. Das ist zwar ein total schambesetztes Thema, aber immer, wenn Eltern das Gefühl haben, es geht anderen auch so, wird es leichter. Weil es ein Thema werden darf. Das hat etwas sehr Entlastendes.«

Letztlich ist es das, worum es geht. Du brauchst Entlastung. Und zwar nicht nur physisch, in Form von echter Unterstützung bei der Versorgung des Babys, sondern auch psychisch. Ich hoffe, dieses Buch unterstützt dich mental in dieser herausfordernden Zeit.

Nutze alles, was du brauchst, um dein Baby nicht zu schütteln: Sprich mit deinem Partner oder deiner Partnerin darüber, in deiner Familie, in deinem Freundeskreis. Wüte, schreie, tobe, wenn das Baby nicht bei dir ist, um angestaute Aggressionen herauszulassen. Laufe ums Haus, boxe in ein Kissen, mach, was immer dir guttut. Alles, was dir hilft, dich zu kontrollieren und dein Baby nicht unvermittelt zu schütteln, ist gut und richtig. Denn letztlich schützt es dein Kind und rettet ihm im schlimmsten Fall das Leben.

Ich bin total verzweifelt!

Ich glaube, ich war in meinem Leben noch nie so verzweifelt, wie in den Tagen und Nächten mit meinen drei schreienden Kindern. Weil gefühlt nichts half, weil ich nichts anderes hörte als Geschrei. Tagaus, tagein, ohne jeden ersichtlichen Grund. In den ersten Wochen dachte ich noch, dass das alles normal sei, Babys weinen halt. Aber mit der Zeit ging mir das Weinen an die Substanz. Weil ich nichts mehr machen konnte, ohne dass mich jemand anschrie. Ich wollte Freundinnen anrufen und musste auflegen, weil mir ins Ohr gebrüllt wurde.

Elternstimmen

Kerstin: »Hassgedanken hatte ich nicht. Große Angst davor, dass ich das Baby irgendwann schütteln könnte, war aber da. Als ich irgendwann dachte, dass ich die Mütter verstehen kann, denen so etwas passiert, war das wie ein Warnschuss für mich. Ich habe meinem Mann wochenlang immer wieder von dieser Angst erzählt und es tat so gut, mit ihm darüber zu sprechen.«

••

Conny: »Es gibt einen Moment, den ich niemals vergessen werde. Ich war allein zuhause, wie damals gefühlt immer. Es wurde immer schlimmer, lauter. Ich hatte sie auf dem Arm, ging auf den Balkon und plötzlich war nur noch der Gedanke in meinem Kopf, dass ich nur das Katzennetz abreißen muss, dann kann ich sie fallen lassen und es hört endlich auf. Ich habe mich so sehr vor mir selbst erschrocken, dass ich sie ins Laufgitter gelegt habe, mich selbst auf den Balkonboden gesetzt und panisch geweint habe. Dann habe ich meine Mutter angerufen und bin am nächsten Tag zur Kinderärztin gegangen.«

••

Melanie: »Ich habe Hass auf mein Kind empfunden, aber es tat mir auch hinterher immer wieder leid. Ich habe versucht, ihn nicht am Kind auszulassen, aber es hat mich jeden Funken Selbstbeherrschung gekostet. Ich habe selbst geschrien und geweint, um meinen Frust rauszulassen.«

••

Michelle: »Ich schaffe es noch nicht, meine Wut mir selbst oder meinem Mann gegenüber unter Kontrolle zu bekommen. Da werde ich schon ab und zu handgreiflich ihm gegenüber oder verletzte mich selbst.«

Ich wollte mich mit Menschen zum Spazierengehen treffen und sagte ab, weil meine Kinder schon zuhause so brüllten, dass ich mich gar nicht traute, mit ihnen rauszugehen. Egal, was ich auch versuchte, alles wurde mit Schreien quittiert. Nie war ich gut genug, nie war das, was ich tat, gut genug. Oft fragte ich meine Kinder, mehr oder weniger laut, was ich denn bitte noch für sie machen sollte. Ich täte ja schon alles, wieso das nicht genüge. Quittiert wurde dies, natürlich, mit noch mehr Geschrei.

Warum kann ich mein Kind nicht beruhigen?

Ich las in Büchern, Zeitschriften, Blogs und verstand nicht, warum mir nicht gelang, was da stand: die Bedürfnisse des Babys erkennen, adäquat befriedigen und zufrieden miteinander wachsen. Davon war ich kilometerweit entfernt. Woran ich nie gedacht hatte: All diese Ratgeber und Hinweise beziehen sich nicht auf untröstlich weinende Kinder. Weil ich meinen Denkfehler an der Stelle aber nicht erkannte, machte ich mir selbst einen enormen Druck, das vermeintlich Richtige zu tun. Und das war, laut diesen Büchern und Zeitschriften, das Baby schnell zu beruhigen. Was Quatsch ist, weil »schnell« mit einem viel weinenden Baby gar nichts funktioniert.

Ich glaubte irgendwann nicht mehr, dass diese Zeit je enden würde. Ich war der festen Überzeugung, dass mich meine Kinder für den Rest unseres Lebens anbrüllen würden. Jeder Tag war so unglaublich belastend, dass ich gar nicht weiter als bis zum nächsten Morgen denken konnte. Wenn man die Erfahrung noch nie gemacht hat, dass das Schreien tatsächlich irgendwann aufhört (und das tut es, glaube mir), dann ist es schwer, nicht zu verzweifeln.

Erst beim dritten Kind hatte ich die Gewissheit, dass ich nicht mehr tun konnte als das, was ich tat. Die Verzweiflung wurde kleiner, aber in vielen Situationen war ich doch angespannt und ängstlich. Ich merkte, dass ich im Kopf die Tage zähle. Nur noch fünf Tage, dann sind wir in Woche sieben, alle Ratgeber sagen, dann wird es besser. Nur noch 10 Tage, dann sind drei Monate um, dann wird es besser. Nur noch 25 Tage, dann sind sechs Monate um, dann hört es bestimmt auf. So rettete ich mich von imaginärer Frist zu imaginärer Frist. Und immer, wenn das nächste »Datum« bevorstand, war ich ganz euphorisch, weil meine Vorfreude, dass es jetzt besser werden würde, so groß war. Das Loch, in das ich anschließend fiel, weil sich nichts änderte, wurde mit jedem Mal tiefer.

Ich glaube, auch weil die Gesellschaft das Leben mit Kindern, die Babyzeit, so besonders glorifiziert, weil es abgetan wird als etwas, das uns allen total leichtfallen sollte, ist es umso härter für uns, wenn dem nicht so ist. Wie oft versuchst du, den Schein zu wahren, dass bei dir zuhause alles klappt? Wenn mich jemand gefragt hat, wie es mir geht, dann habe ich schon von Müdigkeit erzählt und davon, dass ich das alles nicht so gut hinbekomme. Aber meist wurde das abgebügelt als Probleme der Anfangszeit. Wie verzweifelt ich wirklich war, das wussten nur sehr wenige Menschen. Auch, weil ich es gewohnt war, zu funktionieren. Eine gute Mutter beschwert sich nicht, sie findet Lösungen. Was für ein Blödsinn. Es gibt schließlich nicht die eine Lösung, auch, weil dein Kind kein Problem ist.

Such dir Unterstützung!

Was in der Tat ein Problem ist, ist fehlende Unterstützung. Vielleicht hat dir auch schon jemand gesagt, dass es früher keine viel weinenden Babys gab, dass Mütter früher nicht so ausgebrannt und verzweifelt waren. An der letzten Erkenntnis ist viel Wahres dran, die erste ist absoluter Blödsinn. Wie ist das bei dir? Hast du andere Menschen um dich herum, die dir dein Baby mal abnehmen, damit du zur Ruhe kommen kannst?

Ich hatte das nicht, es gab nur meinen Mann und mich. Ich fühlte mich wie die furchtbarste Mutter der Welt, weil mir scheinbar nichts gelingen wollte. Weil ich so viel Angst davor hatte, dass mein Kind entweder in der Öffentlichkeit unstillbar weinte und ich es nicht trösten konnte, oder aber dass mich alle für eine unfähige Mutter hielten, ging ich immer seltener raus. Ich limitierte meine Kontakte und kämpfte mich mehr oder weniger allein durch diese Zeit. Oft wanderte ich nachts mit dem weinenden Baby auf dem Arm durch unsere Wohnung und ließ meinen Tränen freien Lauf. Ich kam mir vor wie der einsamste Mensch auf der Welt. Einsam und unfähig, denn andere Kinder weinten nicht so viel wie meine.

Diese Mischung aus negativen Gedanken brachte mich an meine Grenzen. Und dagegen half nur: Reden, mit Menschen, denen ich vertraue. Du musst das nicht allein schaffen. Du musst vielleicht dein Baby allein versorgen, aber du musst die Last nicht allein tragen. Vertraue dich jemandem an, das ist keine Schande. Und wenn du in deinem Familien- und Bekanntenkreis niemanden findest, dann hol dir fachliche Unterstützung.

Es ist normal, dass du verzweifelst. Dass du an dir zweifelst, vielleicht auch daran, dass du eine gute Mutter bist. Mit diesen Sorgen bist du nicht allein. Aber lass dir von mir eines sagen: Eine gute Mutter erkennt man nicht daran, dass sie alles mit einem Lächeln hinbekommt, sondern daran, dass sie ehrlich zu sich selbst ist und zu ihren Gefühlen steht. Ein untröstlich weinendes Baby ist eine enorme Belastung. Wenig oder keine Hilfe zu haben, ist traurig und unfair. Um Hilfe zu bitten ist keine Schande. Und an der momentanen Situation zu verzweifeln, ist total nachvollziehbar. Wichtig ist, dass du auf dich achtgibst und dir Hilfe suchst, bevor dir oder deinem Baby etwas passiert.

So hatte ich mir das nicht vorgestellt!

Welche Vorstellung hattest du von eurem gemeinsamen Leben, bevor dein Baby geboren wurde? Ich hatte mir nur wenig überlegt, so etwas wie: Das Baby wäre bei mir, wir würden kuscheln, es schliefe, wir spielten, gingen spazieren. Ich hatte schon im Hinterkopf, dass

Elternstimmen

Alma: »Ich habe meinen Mann einmal in der Arbeit angerufen und geschrien: ›Wenn du nicht in fünf Minuten hier bist, schmeiß ich unser Kind aus dem Fenster!‹ Mein Mann kam nach Hause. Ich bin sofort raus und eine halbe Stunde um den Block gerannt. Dann bin ich wieder zurück. Durchatmen und Pausen sind so wichtig, um diese Phase durchzustehen.«

Daniela: »Ich hatte öfter den Wunsch, einfach wegzulaufen. So eine Hilflosigkeit gegenüber einer Situation hatte ich zuvor noch nie im Leben erlebt. Ich habe meinen Sohn dann an einen sicheren Ort gelegt und den Raum verlassen. Ich hatte oft das Glück, dass mein Partner da war, wenn es solche Situationen gab, und er dann für mich übernehmen konnte. Weinen hat mir oft geholfen, die Anspannung etwas zu lösen.«

Cathy: »Ich habe ins Kissen geschrien. Habe Dinge in Ecken geschleudert. Meinen Mann beschimpft. Geheult. War wütend. Hin und wieder habe ich auch mit meinem Sohn geschimpft. Aber zum Glück erschrak ich dann oft, sodass das nur kurz dauerte.«

Sara: »Zeitweise habe ich mir nichts mehr gewünscht, als für ein Wochenende einfach alleine in einem Hotelzimmer zu sitzen und mit niemandem zu reden und niemanden zu hören.«

Yvonne: »Ich war oft verzweifelt, vor allem nachts. Auch Hassgedanken kamen hoch. Nachts konnte ich oft an den Papa übergeben, und er an mich, wenn er nicht mehr

> konnte. Tagsüber habe ich manchmal das Stillkissen verprügelt. Die Energie musste raus, ich konnte das nicht aushalten oder unterdrücken. Oft schäme ich mich noch dafür, aber es war eine gute Möglichkeit und es hat geholfen.«

Babys auch mal weinen, aber dass es in schlimmen Zeiten schreit, wann immer es wach ist, das hätte ich mir nie ausmalen können. Was ich mir auch nicht vorstellen konnte: dass ich meinen Mann dafür beneiden würde, dass er arbeiten gehen durfte. Jeden Morgen beneidete ich ihn, dass er diesem Geschrei für ein paar Stunden entkommen konnte, dass er allein aufs Klo gehen durfte (und zwar auch dann, wenn es nötig war, nicht nur, wenn es gerade passte), dass er mit anderen reden konnte, dass er nicht permanent an ein untröstlich weinendes Baby gekettet war. Mein Mann hat bei allen Kindern sechs bzw. acht Monate Elternzeit genommen, und doch fand ich es unfair, dass er die ersten Monate, die ich als die schwersten empfand, nicht so durchmachen musste wie ich. Was für eine irrationale Anschuldigung, denke ich manchmal heute. Aber mein Leben als Mutter war so ganz anders, als ich mir das hätte vorstellen können.

Unsere Partnerschaft war von den weinenden Kindern geprägt. Weil ich unseren Nachwuchs nicht anbrüllen wollte, musste meine Wut irgendwohin. Und manchmal ließ ich sie an meinem Mann aus und schrie ihn an. Wegen Kleinigkeiten. Ich warf ihm vor, dass mein Leben eine Katastrophe sei, während er business as usual betreiben durfte. Dass er mich zurück in alte Muster drängte, die wir beide nicht wollten. Ich bin sicher, wären unsere Kinder keine untröstlich weinenden Babys gewesen, hätten wir viele Streitigkeiten nicht gehabt. So aber gingen wir auf dem Zahnfleisch, übrigens beide. Denn ich drückte meinem Mann die Kinder natürlich in dem Moment, in dem er die Wohnung betrat, in den Arm. Ich wollte nicht mehr zuständig sein. Mein Mann erzählte mir später, wie furchtbar die Zeit auch für ihn war. Schließlich musst er auch arbeiten, der kurze Arbeitsweg war die einzige Zeit, in der er sich entspannen konnte. Auch er hätte sich unsere Situation anders gewünscht, als sie eben war.

> Frischgebackene Eltern haben manchmal sehr romantische Vorstellungen von der ersten Zeit mit ihrem Kind bzw. dem Leben als kleine Familie. Die Diskrepanz zwischen Theorie und Praxis trifft viele ziemlich unvorbereitet und ziemlich hart.

Jessica und Lina, Hebammen

Jessica und Lina vom Hebammenteam Erdmutter haben Verständnis für die Eltern von Schreibabys: »Mutter und Vater müssen ihr Kind nicht immer toll finden. Schon gar nicht, wenn es sie so an ihre Grenzen bringt. Das heißt aber nicht gleich, dass die Eltern das Kind nicht (mehr) lieben. Kinder sind in der Lage, einen innerhalb weniger Sekunden an den Rand des Wahnsinns zu bringen. Das Kind ›funktioniert‹ nicht so, wie man sich das erträumt hat, und nichts ist so, wie man es sich ausgemalt hat. Den potenziellen Zerstörer all dieser Fantasien zu hassen, ist doch sehr menschlich, natürlich, nachvollziehbar, sprich völlig normal. Wir haben mal gelesen: ›Es ist völlig normal, dass man sein Kind aus dem Fenster werfen will. Es ist nicht normal, wenn man es tut.‹«

Elternstimmen

Yvonne: »Dass nicht alles rosarot werden würde, wusste ich. Aber ich dachte schon, dass wir die Zeit gemeinsam auch genießen könnten. Dass das Kind mal auf der Decke liegt, wir viel kuscheln, wir viel mit dem Kinderwagen draußen sind, andere Leute besuchen, gerne auch selbst Besuch haben. Das alles war aber so absolut nicht möglich.«

Svenja: »Ich wusste, dass Babys schreien und dass es anstrengend wird. Aber niemals hätte ich mit dem gerechnet, was auf mich zukam. Ich dachte, ich könnte das Baby mal unter dem Spielbogen ablegen und in Ruhe auf Toilette gehen, könnte meinen Haushalt zu meiner Zufriedenheit erledigen und würde schöne Spaziergänge mit meinem schlafenden Baby machen.«

Michelle: »Oft wurde mir die Schuld gegeben, ich wäre mit meiner neuen Situation/Rolle überfordert und das würde sich auf das Kind übertragen. Ich durfte mir Phrasen anhören wie ›Das hast du dir so ausgesucht‹, ›Da musst du jetzt durch‹, ›Das haben wir alle hinter uns‹, anstatt Unterstützung zu erfahren.«

Conny: »Ich habe davon geträumt, allein auf einer Insel zu sein. Oder mich einfach in einen Zug zu setzen und abzuwarten, was passiert. Ich wollte weg, aber ich hätte nicht gehen können. Dazu liebe ich sie zu sehr.«

Katja: »Ich fühle mich um die schönen Seiten der Babyzeit komplett betrogen.«

Tina: »Ich dachte, die Elternzeit wird schön, mit Baby zuhause oder unterwegs, andere Mütter kennen lernen, mal ins Café setzen und sich ein Stück Torte gönnen, während das Baby im Kinderwagen schlummert. – Ich bin sehr enttäuscht, dass es anders kam. Ich habe mich auch gegen ein weiteres Kind entschieden.«

Die Babyzeit? Einfach nur furchtbar!

Ich muss gestehen, ich war bitter enttäuscht. Ich hatte im Vorfeld zwar keine große Vision unserer Babyzeit gehabt, aber ich wusste: So hatte ich sie mir definitiv nicht vorgestellt. Ich wollte es ruhiger, kuscheliger, weniger Stress, weniger Sorgen, weniger Geschrei. Mit Freundinnen spazieren zu gehen, klappte bei meiner Tochter noch ganz gut, bei meinen Söhnen war aber auch das nicht möglich. So hatte ich nur sehr ausgewählten, reduzierten Kontakt, der bei mir das Gefühl von Einsamkeit aufkommen ließ. Unser Leben spielte sich vielfach in unserer Wohnung ab, mit wenig Kontakt nach außen. Ich litt unter der Situation, dass ich tagsüber mit dem schreienden Baby allein war und nachmittags noch ein bis zwei kleine Geschwister um mich hatte, die auch Aufmerksamkeit brauchten. Es fühlte sich an, als wäre ich als Mensch gar nicht mehr da. Ich war nur damit beschäftigt, die Bedürfnisse der Kinder zu befriedigen, sodass für meine eigenen Wünsche und Vorstellungen gar kein Platz mehr da war.

Ich fühle mich auch heute noch um diese Babyzeit betrogen, von der so viele Eltern schwärmen. Natürlich hatte ich auch schöne Momente mit meinen Kindern, aber meistens hatte ich Gebrüll. Die Hilflosigkeit dieser Tage hat sich in mir festgesetzt. Während andere von den ersten Monaten mit ihren Babys begeistert erzählen, kann ich dazu fast nichts beisteuern. Denn ich erinnere mich an kaum etwas anderes außer an Weinen und Verzweiflung.

Andere Familien haben es viel besser!

Was habe ich andere Eltern um ihre »normalen« Babys beneidet! Wenn es möglich wäre, Neid zu sehen, wäre ich bei den meisten Gesprächen mit anderen Müttern dunkelgrün gewesen. Wann immer ich kurz oder länger mit Freundinnen oder auch fremden Frauen sprach, merkte ich, wie es mir einen Stich versetzte, wenn sie von ihren Kindern erzählten. Und auch wenn ich sah, wie diese Kinder weinten, kamen ungute Gefühle in mir hoch. Da wurde kurz gemeckert oder geweint, aber wann immer ein Elternteil beruhigend die Hand auf das Baby legte, es in den Arm nahm oder kuschelte, war Ruhe.

Mein Leben war so ganz anders. Wenn meine Kinder weinten, dann weinten sie und ich konnte sie nicht trösten. Nicht, weil ich etwas falsch machte, sondern weil es halt so war. Mir versetzte das einen Stich ins Herz, wenn ich sah, was bei anderen Familien so ganz anders lief als bei uns – weil mir da meine Idealvorstellung präsentiert wurde. Kinder weinen, aber nicht so, wie meine es getan haben. Sie beklagen sich, sie brauchen Nähe und kommunizieren das über das Weinen. Aber sie lassen sich auch beruhigen. Das, was bei meinen Babys unmöglich schien.

Ich rollte innerlich mit den Augen, wenn andere Eltern mir erzählten, wir schwer sie es mit ihrem Baby hatten, weil es an einem schlechten Tag mal eine Viertelstunde weinte. Ja, ich weiß, dass das unfair den anderen Eltern gegenüber ist, denn jeder geht anders mit der Situation um und ist unterschiedlich belastbar. Aber ich tat mir auch selbst einfach leid, weil meine Kinder so unstillbar weinten und ich keine einfache Babyzeit erleben konnte.

Ich würde auch gern behaupten, dass das inzwischen nicht mehr so ist, aber die Wahrheit ist: Auch heute noch nagt es manchmal an mir, dass die erste Zeit mit meinen Kindern so vom Schreien belastet war, dass meine Überforderung so groß war. Ich vermisse unbeschwerte Momente, in denen meine Kinder zufrieden unter einem Mobile lagen und selbstvergessen daran herumzogen. Das gab es hier nie. Es ist sinnlos, Vergangenem hinterherzutrauern, und doch will ich dir zeigen, dass es vorkommt – und dass das okay so ist. Dass die Realität vermutlich bei keinem Elternteil so rosarot aussieht, wie ich mir das vorstelle, sei an dieser Stelle mal dahingestellt. Aber natürlich ist es ein enormer Unterschied, ob Eltern ihren Alltag mit einem normal weinenden Baby verbringen oder mit einem, das unstillbar weint.

— *Es ist menschlich und verständlich, neidisch auf andere Eltern und ihr »Anfänger-Baby« zu sein.* —

Jessica und Lina, Hebammen

Die Hebammen Jessica und Lina vom Hebammenteam Erdmutter haben Verständnis für Eltern mit Schreibabys. »Natürlich fragen sie sich: Warum habe ich nicht so ein Kind (verdient)? Was machen die anders als wir? Was machen wir falsch? All diese Fragen schwingen in diesem Neid mit. Hier versuchen wir einerseits ganz klar zu sagen, dass Eltern so fühlen dürfen. Andererseits machen wir klar, dass sie nicht schuld daran sind und nichts falsch gemacht haben. Ein vermeintlich ruhiges, entspanntes, liebes Baby (wer definiert das eigentlich? Im Grunde doch immer die Grenzen desjenigen, der diese Aussagen trifft, oder?) ist nicht die Belohnung für ein bestimmtes Verhalten, Tun oder Lassen der Eltern.«

Die Hebammen machen aber auch klar, dass das, was du von anderen Familien mitbekommst, nicht unbedingt so ist, wie es der Familie wirklich geht. »Eltern neigen dazu, das Verhalten ihres Kindes gerade in der Öffentlichkeit deutlich mehr durch eine rosarote Brille zu sehen und entsprechend darzustellen, als es in Wirklichkeit ist. Die vielen unruhigen Nächte sind, nachdem diese Phase vorbei ist, sehr schnell vergessen und es zählt sowieso immer das Jetzt. Da hat das Kind dann plötzlich eigentlich schon immer total gut und durchgeschlafen. Man guckt anderen Eltern auch nur vor den Kopf und überall wird nur mit Wasser gekocht. Jedes Kind ist individuell und hat Phasen, die für die jeweiligen Eltern herausfordernder sind als andere.«

Gut gemeint ist nicht unbedingt hilfreich

»Du hast ein Schreibaby, weil du stark genug dafür bist.« – Hast du so etwas auch schon mal gesagt bekommen? Diese Aussage ist eigentlich dazu gedacht, Mut zu machen, dass wir als Familie, dass du als Mutter stark genug bist, um das alles gut auszuhalten. Mich machte der Satz aber wahnsinnig wütend. Denn irgendwie landet dadurch dann wieder alle Verantwortung bei uns Eltern, weil wir die untröstlich weinenden Kinder schon gut aushalten können. Können wir nicht. Wir tun, was wir tun müssen, wir kümmern uns, sorgen uns, gehen an und über unsere Grenzen. Aber es geht uns dabei nicht gut.

Bestimmt würdest du dein Baby auch lieben, wenn alles etwas leichter wäre. So, wie es in anderen Familien auch ist. Bei meinen Söhnen habe ich mich viel weniger mit anderen verabredet, nicht nur wegen der älteren Geschwister, die ich versorgen musste, sondern auch, weil ich es schlecht ertragen habe, wenn wir Eltern beieinandersaßen und alle berichteten, wie es bei ihnen so lief. Ich war immer die, die vollkommen entkräftet war, die weinte und die ihr Baby fest an sich presste, es trug oder stillte. Ich war nur damit beschäftigt, alles zu tun, damit mein Kind nicht brüllte und alle anderen sahen und hörten, wie mein Leben wirklich war.

Wenn andere erzählten, was ihnen Sorgen bereitete, erschien mir das oft nichts im Vergleich zu dem, was ich so durchmachen musste. Das war natürlich unfassbar ungerecht und bevormundend und ich habe das zum Glück nie laut ausgesprochen, weil ich mir das selbst nicht verzeihen könnte. Jede Familie ist anders. Und es steht niemandem zu, darüber zu urteilen. Und doch kann ich dich so gut verstehen, wenn du manchmal vielleicht neidisch auf andere Babys und ihre Familien guckst. Vielleicht bist du mental stark genug für das Leben mit einem untröstlich weinenden Baby. Aber es ist auch in Ordnung, wenn du dich überfordert fühlst und dir wünschst, dass die Situation anders wäre.

Ich fühle mich einsam

Ich hatte in der Schreibabyzeit meiner Kinder immer das Gefühl, ich sei ganz allein auf der Welt mit so untröstlich weinenden Babys. Ich wusste, dass es andere Familien gab, in denen es ähnlich sein musste, aber ich habe mich nie aktiv auf die Suche gemacht. Vielleicht, weil ich Angst davor hatte, dass ich im Vergleich gar nicht jammern durfte (was Quatsch ist, natürlich darf jeder die eigene Situation herausfordernd finden).

Eine Freundin erzählte mir von ihrem viel weinenden Baby und hörte mir sonst nur zu. Das hat ein bisschen geholfen, aber klar war auch: Sie würde mir das Baby nicht abnehmen können. Denn so bitter es ist, am Ende musst du da allein durch. Du bekommst zwar viele Tipps und Ratschläge, aber niemand wird dir dein Kind dauerhaft abnehmen. Du musst also gut für dich selbst sorgen, damit du dein Baby gut versorgen kannst.

Es kann eine große Entlastung sein, wenn du weißt, dass es anderen Familien auch so geht. Ich hoffe sehr, dass dir all die Eltern, die in diesem Buch zu Wort kommen, Mut machen. Wir alle sitzen im selben Boot. Es fühlt sich manchmal aber trotzdem unglaublich einsam an, durch die Wohnung zu tigern, das schreiende Baby auf dem Arm. Wegen des Gebrülls kannst du mit niemandem telefonieren. Vielleicht traust du dich auch nicht rauszugehen, aus Angst vor den Reaktionen in deinem Umfeld. Ich kann das so gut verstehen, weil es mir lange Zeit ähnlich ging.

Wenn ein Baby geboren wird, dann wird es für alle Eltern nach der ersten großen Freude etwas einsam. Freunde und Freundinnen ziehen sich zurück, ihr Leben geht weiter, auf einer parallelen Bahn. Das kann auch ohne untröstlich weinendes Baby einsam machen. Allerdings ist es oft so, dass Eltern sich nach einer bestimmten Zeit wieder bei ihrem Freundeskreis melden, viele treffen sich auch mit ihrem Nachwuchs mit ihren Bekannten.

Das ist für die meisten Eltern von viel weinenden Babys eine unmögliche Vorstellung. Sie trauen sich nicht aus dem Haus, weil sie nicht wissen, wie ihr Kind reagieren wird, ob es eher ruhig und aufmerksam sein oder das gesamte Treffen durch unglücklich schreien wird.

Elternstimmen

Alma: »Klar war ich neidisch auf andere Familien. Aber ich versuche, es positiv zu sehen. Ich habe mich unheimlich weiterentwickelt durch diese Extremsituation. Ich hätte mich vermutlich sonst nie so intensiv mit Bindungstheorien auseinandergesetzt.«

Svenja: »Ja, ich bin neidisch. Mein Kinderwunsch, den ich noch habe, entspringt sicher auch ein bisschen der Hoffnung, diese ersten Wochen noch einmal zu erleben und dann auch genießen zu können.«

Kerstin: »Wenn ich von anderen hörte: ›Das Zweite läuft einfach so mit‹, wäre ich denen am liebsten an den Kragen gegangen. Ich hatte eher damit zu kämpfen, dass andere denken könnten, mein Baby schreit so viel, weil ich mich zu doof anstelle.«

Melanie: »Eine Freundin von mir hat ihre Tochter nur eine Woche nach mir bekommen und ich habe vor Neid geweint, wenn sie von ihren langen Spaziergängen und einfachem Einschlafen erzählt hat. Besonders schlimm war, dass sie meine Situation teilweise nicht nachvollziehen konnte. Noch heute zucke ich innerlich zusammen, wenn ich von ›pflegeleichten‹ Babys höre.«

Alexander: »Ich bin nicht neidisch auf andere Familien. Niemand kann sich das aussuchen. Und wer weiß, ob das Schreien nicht am Ende doch auch irgendeinen Vorteil hat (das hofft man natürlich).«

Cathy: »Auch heute noch beneide ich jede Mami, die ihr friedlich schlafendes Baby durch die Gegend schiebt, jeden Vater, der sein Neugeborenes tragen darf. Und lasse dabei außer Acht, dass jede Familie fiese Momente erlebt und jede Familie ein anderes Los trägt. Ich glaube nicht, dass es die komplette heile Welt gibt.«

Schreibabys können Freundschaften zerstören

Selbst die verständnisvollsten Menschen werden sich zurückziehen, wenn bei jeder Begegnung auch ein Kind dabei ist, das nur durch Körperkontakt, Bewegung und Ruhe ein wenig leiser wird. Babys sind laut, das dürfen sie auch sein, aber es ist nicht selten so, dass Schreibabys jedes Gespräch niederbrüllen. Das verlangt dir alles ab, aber testet auch die Grenzen deines Freundeskreises. Es kann sogar passieren, dass andere dich für das Weinen deines Kindes verantwortlich machen, weil die Frage nach Schuld für alle Menschen elementar ist und weil sich nur die wenigsten vorstellen können, dass viel weinende Babys eben so sind. Dass du sie halten, tragen, mit ihnen kuscheln kannst, aber dass all das nicht dazu führt, dass sie still werden. Und dass du keinen Fehler gemacht hast, weil dein Baby ist, wie es ist.

Vielleicht hast du aber auch gar nicht die Kraft, allen in deinem Umfeld zu erzählen, wie es dir wirklich geht. Das Leben mit einem viel weinenden Baby ist sehr herausfordernd, anstrengend, kräftezehrend. Und es kostet Kraft, offen mit anderen darüber zu sprechen, deine Gefühle, deine Ängste und Sorgen und vielleicht auch deine Hilflosigkeit zu besprechen. Das macht niemand zwischen Tür und Angel, nur weil die Frage »Wie geht's dir?« im Raum steht.

Außerdem sind Babys nicht berechenbar. Ich hatte oft Sorge, dass meine Kinder dann losschreien könnten, wenn ich gerade unterwegs bin. Dieser Druck, mein Kind dann beruhigen zu müssen, hat mir sehr zugesetzt. Beim zweiten Kind zog ich mich sehr zurück, hielt nur noch zu wenigen Menschen außerhalb des Kitakreises Kontakt.

Noch heute habe ich daran zu knabbern, denn nicht jede Freundschaft übersteht solch eine lange Pause. Natürlich habe ich auch neue Menschen dazugewonnen, aber von einigen liebgewonnen Freunden und Freundinnen musste ich mich auch verabschieden, weil sie nicht verstehen konnten, dass mein Leben mit Schreibabys mir alles abverlangte. Ich bin froh und dankbar, dass mein Mann immer da war, in den schönen Momenten und in den vielen tiefen Tälern, die wir in diesen Jahren durchschritten haben. Ich wusste, egal was passiert, dieser eine Mensch lässt mich nicht hängen.

Das Glück, einen solchen Partner bzw. eine solche Partnerin zu haben, hat nicht jede. Deswegen hoffe ich, dass es in deinem Leben mindestens eine Person gibt, der du dich anvertrauen kannst. Schön wenn da ein großer Familien- und Freundeskreis ist, mit dem du reden kannst, der Hilfe anbietet. Aber das haben die wenigsten Eltern.

Deswegen ist es wichtig, dass es wenigstens ein, zwei Menschen gibt, bei denen du offen und ungefiltert alles herauslassen kannst, was dich bedrückt. Findest du niemanden in deinem persönlichen Umfeld, solltest du dir professionelle Hilfe suchen. Hier kannst du ebenfalls Unterstützung bekommen und dich in den Gesprächen gut um dich kümmern. Mehr dazu findest du im Kapitel »Ich brauche Hilfe« (Seite 159). Nur so kannst du dich in dieser Zeit auch gut um dein Baby kümmern.

Elternstimmen

Svenja: »Ich war sehr einsam. Mein Partner verbrachte viel Zeit bei seinen Freunden und ich versuchte, alles alleine durchzustehen. Ich denke, wir Mütter sind so erschöpft, weil wir das Schreien anders wahrnehmen als die Väter. Mein Partner hörte den Kleinen nachts selten schreien und nach ein paar Wochen dachte er, der Kleine würde bereits durchschlafen.«

Conny: »Anfangs habe ich immer versucht, alles zu decken, weil ich dachte, selbst dran schuld zu sein. Um den äußeren Schein zu wahren, habe ich nur von meinem aufgeweckten Kind erzählt. Erst als ich akzeptiert hatte, dass ich das Schreien nicht verhindern konnte, konnte ich auch von meinem Schreikind erzählen, von meiner Schlaflosigkeit, von meinen Gefühlen und meiner Erschöpfung.«

Katja: »Ich habe mich immer sofort bewertet und beobachtet gefühlt. Mein Sohn hat oft auch geschrien, wenn wir nicht alleine waren. Aus der Familie sind immer mal Tipps gekommen und auch Unverständnis, warum wir das nicht lösen könnten. Oft wurde uns unterstellt, dass wir zu sensibel seien und ein großes Problem aus einer kleinen Sache machten. ›Kinder weinen eben mal.‹ Häufig wurden es nicht akzeptiert, wenn wir zum Beispiel nicht bis in den Abend bei Familienfeiern bleiben wollten.«

Juli: »Ich habe nie gezeigt, wie mental erschöpft ich bin, oder von dem Gefühl der Verzweiflung und des Versagens erzählt. Einmal habe ich bei meinen Eltern geweint, meiner Mutter das Baby in den Arm gelegt und gefragt, ob sie versuchen kann, es zu beruhigen. Sie hat es sogar geschafft und irgendwie hat es das für mich noch schlimmer gemacht.«

Zusammenfassung

Dazu bin ich fähig?

Hältst du die Situation gerade nicht mehr aus und wünschst dir, dass dein Baby nicht da wäre? Solche Gedanken können verstören. Besprich sie mit jemandem, du musst diese Zeit nicht allein überstehen.

Ich kann nicht mehr!

Es ist vollkommen normal, dass du an der Situation verzweifelst, denn sie ist wirklich schwer. Such dir Menschen, die dich verstehen und dir Rückhalt geben.

Zerplatzte Träume

Du hattest eine andere Vorstellung vom Leben mit Baby und bist jetzt enttäuscht? Diese Gefühle sind völlig okay. Besprich das mit jemandem, dem du vertraust.

Nur kein Neid

Andere Familien haben es viel leichter als du? Das kann gut sein. Mach dir aber auch immer klar, dass du nur einen Ausschnitt aus dem Familienleben anderer siehst.

Ganz allein auf der Welt

Ein Schreibaby kann einsam machen, denn Freundeskreis und Familie ziehen sich zurück. Denk dran, es ist nur eine Phase, ganz sicher!

Ich brauche Hilfe

Es ist keine Schande, um Hilfe zu bitten. Es ist vielmehr eine Stärke, sich einzugestehen, dass man es allein nicht schafft. Und das muss man auch nicht. Hilfe und Unterstützung kann vielfältig sein, ob professionell oder persönlicher Natur. Es kann eine Entlastung sein, wenn du jemanden bezahlst, der die Reinigung der Wohnung übernimmt, oder wenn du dir Essen liefern lässt, statt selbst zu kochen. Vielleicht hilft es dir, mit der Nachbarin zu sprechen, die inzwischen Oma ist und den ein oder anderen Tipp für dich hat. Oder du suchst dir eine Gruppe gleichgesinnter Mütter, mit denen du spazieren gehen kannst.

Mir hat es sehr geholfen, anderen Frauen mit Babys von meinem Tag zu erzählen. Zunächst war es allerdings schwer, überhaupt Anschluss zu finden. Ich habe im Rückbildungskurs einfach die Mütter nach ihrer Telefonnummer gefragt, die mir nett erschienen. Nicht mit allen kam ich in Kontakt, aber die, mit denen ich mich dann ab und zu traf, taten mir gut. Keine von ihnen hatte ein Schreibaby, aber wenn sie von ihren alltäglichen Anforderungen sprachen und wir uns gegenseitig offen und ehrlich berichteten, wie anstrengend das Leben mit Baby manchmal ist, das tat mir gut. Natürlich konnte mir keine von ihnen meine Kinder abnehmen, sie waren selbst alle beschäftigt. Aber dieses Gefühl, dass wir alle im selben Boot sitzen, hat mir sehr geholfen. Für mich war genau das die Hilfe, die ich brauchte.

Für andere ist es die Unterstützung aus der Familie oder durch die Freundin, die vorbeikommt und Mittagessen mitbringt. Auch das gab es bei mir: Freundinnen stellten mir Essen vor die Tür, ohne darauf zu bestehen, dass ich mit ihnen rede. Ich fühlte mich in solchen Momenten gleich viel weniger einsam. Es ist schön, wenn jemand sieht, was man gerade durchmacht, und einfach da ist.

Wichtig ist, dass du nicht das Gefühl hast, du wärst allein und müsstest all das Geschrei, den Schlafmangel und die Verzweiflung allein ertragen. Natürlich ist es schön und wichtig, wenn dein Partner oder deine Partnerin dich unterstützt und deine Erschöpfung ernst nimmt. Aber wenn da niemand ist, wenn du dich ganz allein gelassen fühlst, dann versuch, deinen ganzen Mut zusammenzunehmen und bitte jemanden um Hilfe. Um Hilfe zu bitten, ist ein erster Schritt aus der Hilflosigkeit.

Seelische Unterstützung

Du bist nicht allein! Du musst die Zeit mit deinem unstillbar weinenden Baby nicht allein durchstehen. Jede Mutter entwickelt eigene Mechanismen dafür, mit der Situation umzugehen.. Mir fiel es schwer, mich an die reizarme Umgebung (Seite 87) zu gewöhnen, wozu für uns auch gehörte, wenig Besuch zu empfangen. Gleichzeitig sorgte dies dafür, dass ich mich mit anderen Müttern zu Spaziergängen verabredete. Auf diese Weise schaffte ich es dann doch, meine Erschöpfung und Überforderung zu besprechen und das Gefühl zu bekommen, damit nicht allein zu sein.

Bei meinem dritten Kind traf ich mal eine Mutter, die mir erzählte, dass sie gut nachempfinden könne, wie es mir gehe. Ihr Sechsjähriger bringe sie gerade auch an ihre Grenzen. Und sosehr ich der Meinung bin, dass Grenzen individuell sehr unterschiedlich sind, war mir in diesem Moment klar, wie wichtig es ist, sich von Einflüssen, die gerade nicht guttun, abzugrenzen. Menschen, die dir sagen, dass du dich nicht so anstellen sollst, dass du dir das Baby doch gewünscht hättest

Elternstimmen

Michelle: »Ich habe mich aufgrund des gesellschaftlichen Drucks nie getraut, Hilfe in Anspruch zu nehmen.«

Daniela: »Wir Mütter brauchen mehr Unterstützung. Aber wir müssen uns auch trauen, danach zu fragen. Ich habe es nie nach außen getragen, denn ich wollte ja die tolle Mutter sein, die alles im Griff hat.«

Isa: »Es ist in unserer Gesellschaft verpönt, Hilfe zu erbitten oder anzunehmen – schließlich läuft es auch bei anderen ohne Hilfe.«

Franziska: »Zu mir sagte mal eine Bekannte, dass sie bei ihrer Kleinen (ein anstrengendes Baby, aber kein Schreibaby) manchmal den Gedanken hatte: ›Ich knall dich gleich in die Ecke.‹ Da sie eine sehr ausgeglichene, ruhige Person ist, die so etwas nie gemacht hätte, habe ich gemerkt, dass es grundsätzlich manchmal nicht einfach ist mit einem Baby. An diese Aussage musste ich ab und an denken, wenn ich anfing, sauer auf die Kleine zu werden.«

Conny: »Ich habe viel zu lange gewartet, bis ich mir Unterstützung geholt habe. Meine eigene Scham stand mir im Weg. Gerade ich als Sozialpädagogin muss das doch hinbekommen, schließlich habe ich jahrelang Eltern erzählt, wie sie ihr Kind zu erziehen haben. Sich keine Schwäche erlauben zu wollen, alles alleine schaffen zu wollen, das hindert uns daran, wirklich etwas positiv zu verändern, Unterstützung anzunehmen, Auszeiten, Ruhezeiten und Pausen für uns zu schaffen.«

und dass es so schlimm schon nicht sei, diese Menschen brauchst du gerade nicht in deinem Leben. Stattdessen such dir die, die dich unterstützen – mit Worten oder Taten.

Während wir, wenn wir mutig sind und uns öffnen, vielleicht relativ schnell jemanden finden, der zuhört und tröstet, sieht es bei den Taten meist etwas anders aus. Ich wurde oft gefragt, wie man mir denn helfen könnte, weil das Leben mit drei Kindern sicher nicht einfach sei. Leider war ich außer Stande, überhaupt einen Vorschlag zu machen, weil mich der Alltag so sehr überforderte. Eine Freundin fragte nicht, sie handelte einfach und bot mir an, dass ihre erwachsene Tochter meine Kinder von der Kita abholen könnte. Mir hat es unglaublich geholfen, dass da jemand die Initiative ergriff und ich nicht auch noch darüber nachdenken musste, was ich denn jetzt wie von wem verlangen könnte. Das war eine echte Entlastung!

Rose Volz-Schmidt, die Gründerin des Sozialunternehmens wellcome, erzählt, dass gerade ihre eigene Offenheit im Umgang mit ihrer Überforderung als Mutter ein echter Dammbruch war. Denn wenn eine anfängt, wirklich zu erzählen und nicht alles nur beschönigt, dann folgen oft die anderen. In dieser Offenheit liegt ein großer Schatz. Wenn wir alle aufhören, so zu tun, als wenn wir alles hinbekämen, und stattdessen zeigen, was nicht klappt, ergibt sich dadurch die Möglichkeit, einander zu stützen und zu helfen.

Wenn du ein großes soziales Netz hast und Eltern, Großeltern, Freundinnen und Bekannte, die dir helfen wollen, dann nimm das ohne jedes schlechte Gewissen an. Steh zu deiner Überforderung. Du musst niemandem beweisen, dass dein Baby viel weint. Es gibt kein Maß, das du ertragen musst und bei dem du erst, wenn es voll ist, nach Unterstützung fragen darfst. Du bist das Maß.

»Man muss manchmal auch über seinen eigenen Höflichkeitsschatten springen und sagen, was man braucht«, sagt Rose Volz-Schmidt. Zum Mutigsein gehört auch zu sagen, was genau man gerade benötigt. Ich weiß, wie schwierig das ist, wer bittet schon gern um Hilfe. Bitte deinen Partner oder deine Partnerin um Hilfe, ihr seid eine Familie. Ihr teilt die Freude und ihr teilt auch das Leid. Du musst das nicht allein durchstehen. Du bist auch nicht automatisch allein zuständig, wenn der andere Elternteil arbeiten geht. Den Fehler machen viele Mütter, dass sie denken, sie müssten sich nachts um das Kind kümmern, weil der oder die andere arbeiten geht. Ich habe meinen Mann auch lange Zeit »geschont«, weil er arbeiten gehen durfte.

— Mütter müssen mutig sein und sich was trauen! —

Rose Volz-Schmidt, Gründerin von wellcome

Jeden Tag ein untröstlich weinendes Kind zu versorgen, ist aber auch Arbeit. Um die Nerven zu behalten, brauchst du genügend Schlaf. Nur wenn du ausgeschlafen bist, hast du die Möglichkeit, entspannter auf das Weinen deines Kindes zu reagieren. Bist du überreizt, unausgeschlafen und angespannt, überträgt sich nicht nur die Anspannung auf den Nachwuchs, du kannst auch weniger zugewandt reagieren, deine »Zündschnur« ist kürzer und das Risiko, dass du dein Baby schütteln möchtest, steigt leider.

Es ist okay, die Situation, wie sie ist, furchtbar zu finden. Und du darfst und sollst das auch sagen dürfen. Ohne Schranken, ohne dass dein Gegenüber darüber richtet. Wenn du nicht aussprichst, was dich belastet, kannst du keine Hilfe finden. Wie genau die aussieht, ist in Schritt zwei zu klären. Erstmal ist wichtig: Du brauchst Unterstützung. Das auszusprechen, ist der vielleicht schwerste Schritt. Trau dich!

IDEEN FÜR PRAKTISCHE UNTERSTÜTZUNG:

— Lebensmittel liefern lassen, denn der Wocheneinkauf kann stressen.

— Freundinnen bitten, Essen vorzukochen und vorbeizubringen. Viel zu oft vergessen

wir Mütter, dass wir uns (gesund) ernähren müssen.
—— Reinigungspersonal beauftragen. Wenn die Wollmäuse zu sehr stören, kann schon das Wissen, dass einmal im Monat jemand für Ordnung sorgt, entlasten.
—— Babysitterin beauftragen, die, wenn dein Baby das zulässt, mit ihm spazieren geht.
—— Babysitterin anheuern, die die Geschwisterkinder betreut.
—— Andere Eltern bitten, dass sie Geschwisterkinder mit aus der Kita/Schule abholen.

Fachliche Unterstützung

Sich Hilfe zu suchen, ist kein Zeichen von Schwäche, ganz im Gegenteil. In einer Zeit, in der wir Mütter immer noch oft genug die Last der Babyzeit, der Kindererziehung und der Care-Arbeit allein tragen, brauchen wir externe Hilfe. Besonders wenn es nicht möglich ist, Hilfe innerhalb der Familie zu organisieren. Manchmal hilft es gerade, dass es nicht deine Verwandtschaft ist, der du dich öffnest, sondern jemand Fremdes. Eure Beziehung ist eine andere und wenn es dir bessergeht, wenn du keine Unterstützung mehr benötigst, dann könnt ihr euch wieder trennen.

Ein offenes Ohr, eine Rückversicherung, dass alles in Ordnung ist – wie gut uns Eltern das tut! Aber auch sich einfach ausheulen dürfen darüber, wie anstrengend das Leben mit einem Schreibaby ist, muss möglich sein. Das ist kein Jammern, das ist Seelenhygiene. Wir Eltern sind so sehr am Limit, dass wir uns, verständlicherweise, wünschen, jemand anderes würde die Last ein Stück weit mittragen. Und genau für solche Fälle gibt es fachliche Unterstützung. Es gibt Schreibaby-Ambulanzen, Schreibaby-Sprechstunden, den sozialpädiatrischen Dienst, Ärztinnen, Körpertherapeuten, Physiotherapeutinnen,

Elternstimmen

Alma: »Mein Sohn hat auch geschrien, wenn andere Personen anwesend waren. Einige haben sich deshalb zurückgezogen. Nach der Geburt hatte ich leider kaum ein soziales Umfeld, das mich unterstützen konnte. Meine Eltern lebten 200 km entfernt. Sie waren aufgrund meiner Erschöpfung besorgt und halfen, wenn es irgendwie ging. Meine Schwiegereltern hatten starke Berührungsängste mit unserem Kind. Das Schreien hat sie überfordert.«

Kerstin: »Ich glaube, wir trauen uns nicht, dieses kleine hilflose Bündel als zu anstrengend zu bezeichnen und Unterstützung einzufordern. Unser Umfeld hingegen bietet zu wenig greifbare Hilfe an. Sie sagen: ›Melde dich, wenn du was brauchst‹ anstatt: ›Wir gehen zum Spielplatz. Sollen wir das große Kind mitnehmen?‹ Das ist ein Riesenunterschied, wenn es um die Bereitschaft geht, Hilfe anzunehmen. Das fällt uns Müttern ja häufig schwer.«

Melanie: »Ohne meinen Mann wäre hier gar nichts gelaufen. In den ersten vier Wochen war er zuhause und hat alles gemacht von Kochen über Putzen bis zu Windeln wechseln. Bevor er morgens zur Arbeit ging, hat er mir Frühstück und Mittagessen vorbereitet und in den Kühlschrank gestellt, damit ich das dann nur aufwärmen musste. Er kam jeden Tag pünktlich von der Arbeit und hat mir sofort das Baby abgenommen, damit ich mich mal bewegen und duschen konnte. Er hat mich in allem unterstützt und mich immer zu 100 % ernst genommen.«

Miriam: »Das Beste, was mir passieren konnte, war eine Freundin, die mir immer wieder einfach nur schrieb: ›Es wird besser. Ganz bestimmt.‹ Ihr und diesen Nachrichten verdanke ich viel.«

Hebammen, Psychotherapeuten. Viele von ihnen haben eine Zusatzausbildung, haben jahrelange Erfahrung, manche sind selbst Eltern von Schreibabys gewesen und verstehen deswegen deine Not sehr gut. Sie nehmen dich und deine Ängste ernst, halten vielleicht dein Baby und sollten sich immer um dich kümmern. Denn nur, wenn es dir gut geht, kannst du für dein Kind da sein und gut durch diese anstrengende Zeit kommen. Dafür braucht es aber Stärkung von außen und manchmal auch die Versicherung, dass das, was wir leisten, groß ist, auch wenn wir uns überhaupt nicht so fühlen.

Es tut gut, sich einer Fachperson zu öffnen, in einem geschützten Raum auch deine Verzweiflung und deine Frustration benennen zu dürfen. Denn alles, was du aussprichst, sorgt dafür, dass es dich nicht auffrisst, hilft dir, dass du dich in deiner Aggression nicht gegen dein Kind wendest.

Nimm deine Erschöpfung und Anspannung nicht auf die leichte Schulter. Auch wenn die Medien es uns anders weismachen wollen, es ist schon mit einem sogenannten Anfängerbaby nicht einfach, den Alltag zu stemmen. Mit einem Baby, das unstillbar weint, vielleicht wenig schläft, immer Körperkontakt braucht, wird es nicht einfacher.

Welche Art Hilfe brauchst du?

Brauchst du jemandem, mit dem du ab und zu reden kannst? Benötigst du Hilfe im Alltag, jemanden, der dir mal Lebensmittel aus dem Supermarkt besorgt? Der für dich kocht? Der mit deinem Baby, wenn es das akzeptiert, spazieren geht, während du einfach mal nichts machst und nicht zuständig bist? Überlege, wo du Unterstützung gebrauchen kannst.

Ich empfand die Abholsituation aus dem Kindergarten immer als sehr stressig. Wenn du mehrere Kinder hast, geht es dir vielleicht ähnlich. Dafür habe ich mir Unterstützung in Form einer Mütterpflegerin geholt (die wird unter Umständen auch von der Krankenkasse bezahlt). Später hatte ich, dank meiner Freundin, eine Babysitterin, die das übernahm. Allein das Wissen, nicht zu einer bestimmten Zeit mit dem schreienden Baby vor der Kita stehen zu müssen und die anderen Kinder zu überreden, sich jetzt bitte anzuziehen (und das möglichst selbstständig, weil das jüngste Kind ja immer an mir hing), hat mir viel Druck genommen.

Außerdem half es mir, dass unser Kinderarzt stets ein offenes Ohr für mich hatte, ebenso wie die Hebamme. Sie gaben mir immer das Gefühl, dass es in Ordnung ist, darüber zu sprechen, dass mich das Leben mit einem viel weinenden Baby erschöpft. Neben der Versicherung, dass alles in Ordnung ist, also keine Krankheit der Grund für das Weinen war, tat es gut, dass jemand zuhörte und nicht sagte, ich hätte mir doch Kinder gewünscht und müsse da nun einfach durch. Du hast vielleicht auch schon gehört, dass du dir das Baby gewünscht hast und nun mit den Konsequenzen leben musst und kein Recht hast, dich zu beschweren. Doch, das hast du. Niemand schafft es allein. Niemand sollte es allein schaffen müssen. Und genau solche Sätze sorgen dafür, dass wir uns keine Hilfe holen.

Wenn du dich scheust, zur Ärztin zu gehen (natürlich kannst du auch zur Hausärztin gehen, es muss nicht immer der Kinderarzt sein), wende dich vielleicht an wellcome. Hier unterstützen dich Freiwillige im Alltag. Wellcome wendet sich nicht nur an Eltern von Schreibabys, sondern an alle Eltern. Die Organisation bietet praktische Hilfe nach der Geburt und während des ersten Lebensjahres an. Freiwillige Helferinnen entlasten im Eltern im Familienalltag so, wie sie das gerade brauchen. Das Angebot ist prinzipiell deutschlandweit verfügbar und kostet nur einen geringen Beitrag. Wie oft du Hilfe bei welchen Tätigkeiten benötigst, wird im ersten Gespräch besprochen. Es spielt keine Rolle, ob es dein erstes Baby ist oder schon Geschwisterkinder vorhanden sind. Den Kontakt findest du im Serviceteil (Seite 179).

Leider sind – gerade bei Schreibabys – viele Unterstützungsangebote Selbstzahlerleistungen und du musst oft mehr oder weniger tief ins Portemonnaie greifen. Manchmal können Kosten anschließend mit der Krankenkasse abgerechnet werden, aber oft musst du selbst für den Stundenlohn der Therapeutin aufkommen. Das ist nicht immer fair, Unterstützung sollte allen zur Verfügung stehen und keine Frage des Geldbeutels sein. Es gibt aber eine große Ausnahme: Jede kinderjugendpsychiatrische und psychosomatische Klinik hat auch ein Angebot für sehr kleine Kinder. Die Menschen dort haben Ahnung von Regulationsstörungen. Eventuell musst du hier etwas länger auf einen Termin warten, aber hier wird dir ohne Zusatzkosten geholfen.

So findest du gute Hilfsangebote

Leider gibt es, wie überall, auch im Bereich der Hilfsangebote für Eltern von viel weinenden Babys, schwarze Schafe, denn die Berufsbezeichnung »Therapeutin« ist nicht geschützt. Im Prinzip darf sich jede so nennen. Gerade verzweifelte Eltern, wie wir Eltern von Schreibabys es nun mal sind, sind im schlimmsten Fall leichte Beute. Denn natürlich greift man nach jedem Strohhalm, wenn das Leben so aus dem Gleichgewicht geraten ist. Ich kann dir an dieser Stelle nur dazu raten, den mütterlichen Instinkt nicht aufzugeben. Am Ende bist du der Mensch, der dein Baby am besten kennt. Wenn dir ein Vorschlag einer Fachperson komisch vorkommt, gegen deine Überzeugung geht oder Bauchschmerzen verursacht, dann überlege, ob das der richtige Weg für dich ist. Es ist okay, den einmal eingeschlagenen Weg nicht weitergehen zu wollen.

Dr. Susanne Hommel nennt ein paar Dinge, an denen du gute Unterstützung erkennen kannst: »Ein gutes Angebot für Eltern mit unstillbar weinenden Babys ist aus meiner Sicht grundsätzlich dadurch definiert, dass es Eltern und Baby gemeinsam in den Blick nimmt und nicht nur nach einer Methode arbeitet. Es gibt viele Angebote, die einen bestimmten Beratungsansatz anbieten, der vielleicht für viele Eltern geeignet ist, für manche aber auch gar nicht. Die Güte eines Angebots definiert sich daran, dass die Eltern erkennen: Mir hört hier jemand wirklich zu und überlegt mit mir gemeinsam, was ich, mein Baby und mein Partner an Unterstützung brauchen. Wichtig ist, dass jemand sehr individuell guckt, was brauchen diese Eltern und dieses

Elternstimmen

Alma: »Der Kinderarzt verschrieb unserem Sohn ein Schlafmittel, das ich eine Woche lang geben sollte. Er meinte, es werde ihm nicht schaden, aber mir etwas Erholung verschaffen. Wir haben es eine Nacht gegeben, hatten dann aber ein schlechtes Gewissen, unseren Sohn mit Medikamenten ruhigzustellen.«

Conny: »Meine Kinderärztin hat mir anfangs nicht geglaubt, mich aber an eine Beratungsstelle für Kinder mit Regulationsstörungen vermittelt, wo wir fast bis zum vierten Lebensjahr meiner Tochter waren. Diese Beratungen haben sehr gut getan, sie bestanden aus Gesprächen und Eltern-Kind-Interaktionen. Die Beraterin konnte mir gute Hilfestellungen geben, die ich heute noch nutze. Kraft tanken konnte ich in einer offenen Gruppe, in der es um Schwierigkeiten im Säuglingsalter gehen sollte. Es war nur eine andere Mutter mit einem Schreibaby da und die Pädagogin hat alles getan, um uns zu unterstützen.«

Mareike: »Oft saß ich weinend da und war der festen Überzeugung, ich sei die falsche Mutter für unsere Tochter. Da diese Gedanken lange anhielten und in eine Depression umschlugen, wurde mir vom Frauenarzt empfohlen, selbst eine Therapie zu beginnen. Diese nahm ich an und bin auch immer noch dabei. Es ist viel besser geworden.«

Sara: »Wir waren in der Schreiambulanz zur Schlaftherapie, als mein Kind etwa neun Monate alt war. Am meisten wurde mir dadurch geholfen, dass sie mir zugehört und mein Selbstvertrauen wieder gestärkt haben. Das Schreien wurde zwar nicht besser, aber mein Kind hat danach sehr schnell sehr viel besser geschlafen. Dadurch wurde alles andere auch erträglicher.«

Baby. Auch wichtig ist, dass die Person, die Hilfe anbietet, gut vernetzt ist und erklären kann, was es sonst noch gibt. Wenn jemand sagt, es muss genauso so sein und nicht anders, während man selbst denkt: ›Nee halt, das kann ich mir (noch) gar nicht vorstellen‹, müsste es Raum geben, um zu sagen, dass man das so nicht oder noch nicht möchte. Dann sollte geguckt werden, was ist jetzt in diesem Moment für diese Familie passend und was hat Priorität oder welche Form der Unterstützung passt vielleicht besser. Frühe Hilfen funktionieren nicht nach Schema F.«

Während der Recherche für dieses Buch habe ich einige sehr fragwürdige Angebote gefunden, bei denen mich der Webauftritt oder die generelle Sicht auf Kinder abschreckte. Wenn Therapeutinnen Schreibabys als »Brüllaffen« bezeichnen, ist für mich klar, dass ich dieses Menschenbild nicht teile und folglich diese Hilfe nicht in Anspruch nehmen möchte. Wenn euch beim Gespräch gesagt wird, dass euer Baby, dass vielleicht sieben, acht Stunden am Tag schreit, einfach nur viel erzählen möchte, dann werdet wachsam. Es stimmt zwar, dass Babys durch Weinen Stress abbauen, aber sicher nicht in diesem Maße. Wenn dir teure Globuli, Heilkräuter oder Salben angeboten werden, dann prüfe, ob das der Weg ist, den du gehen willst. Ich verurteile das nicht, aber ich möchte an dich appellieren, eine gesunde Skepsis mitzubringen.

Gleiches gilt auch, wenn dir erzählt wird, dass dein Baby umerzogen werden muss, dass es nicht mehr im Familien- oder Beistellbett schlafen darf, dass du es nicht mehr in den Schlaf begleiten sollst oder dass dich dein Baby mit seinem Weinen manipuliert. Kinder bis zu einem Jahr sind zur Manipulation noch nicht fähig (und auch danach finde ich das Wort »Manipulation« im Zusammenhang mit Kindern problematisch). Wenn es dir das Herz bricht, dass dein Baby allein im Zimmer schreit, weil ein Arzt dir diesen Rat gegeben hat, prüfe, ob du diesen Weg wirklich weitergehen möchtest. Du bist die Expertin für dein Baby, niemand sonst.

Ein Netzwerk aufbauen

Du hast dich in deiner Familie geöffnet, du hast vielleicht auch Hilfe bei einer Ärztin oder einer Schreiambulanz gesucht. Und doch hast du das Gefühl, dass all das nicht reicht. Du schaffst deinen Alltag mit Schreibaby nicht und bist verzweifelt. Dann könnte dir ein Netzwerk helfen.

Seien wir ehrlich, wir möchten nicht immer wieder dieselben Menschen um Hilfe bitten. Oft haben wir Angst, dass wir dann bei jemandem in der Schuld stehen. Du solltest dir allerdings klarmachen, dass die wenigsten Menschen Hilfe anbieten, wenn sie sie nicht von Herzen geben wollen.

Aber natürlich kann es hilfreich für das eigene Gewissen sein, wenn man ein Netzwerk aus verschiedenen Menschen hat, auf das man zurückgreifen kann. Hast du eine große Familie, die dich gern unterstützen möchte, lass sie dir helfen. Das ist der einfachste Fall, du musst nur über deinen Schatten springen und die Hilfe annehmen. Vielleicht fühlst du dich besser, wenn du daran denkst, dass du die Hilfe eines Tages zurückgeben und jemand anderen aus deiner Familie unterstützen kannst. Und wenn nicht, dann ist das nicht schlimm, denn deine Familie hat es getan, weil sie dich und dein Kind liebt und euch glücklich machen möchte.

Um was könntest du bitten?

Sind bereits ältere Kinder im Haus, frag doch die Mutter oder den Vater von Kita- oder Schulfreunden, ob es möglich wäre, dass ihr reihum die Kinder abholt. Oder ob es in Ordnung ist, wenn dein älteres Kind noch ein wenig bei der Freundin bleibt. Wenn du deine Situation erklärst, wird dir niemand ein bisschen Hilfe und Unterstützung verweigern.

Frag den Nachbarn, ob er dir vielleicht vom Supermarkt etwas mitbringen kann, oder bitte eine Freundin, dir ein Mittagessen zu kochen. Lass für dich vorkochen, sodass du gutes Essen im Haus hast, das du nur aufwärmen musst. Wenn deine Schwiegereltern vorbeikommen, die dein Baby vielleicht sowieso gern bekuscheln, bitte sie darum, eine Stunde aufzupassen. Und in der Stunde machst du das, was sich für dich gut anfühlt: duschen, lesen, schlafen, aus dem Fenster starren, was auch immer dir einfällt und dich entspannt.

Es sind viele kleine Unterstützungsmöglichkeiten, die das große Ganze für dich erträglicher und leichter machen. Und um einen kleineren Gefallen zu bitten, ist oft viel leichter als um einen großen. Deswegen ist es gut, sich ein Netzwerk aus unterschiedlichen Menschen aufzubauen.

Noch mehr Hilfsangebote

Oft fällt es nicht leicht, um Hilfe zu bitten, weil wir immer hören, dass andere es auch allein schaffen. Niemand schafft es allein, ohne dabei vor die Hunde zu gehen. Ich muss immer wieder an die Worte von wellcome-Gründerin Rose Volz-Schmidt denken. Auf meine Frage, ob es nicht unfair sei, dass Freiwillige die Unterstützung der Eltern übernehmen, statt Menschen, die dafür bezahlt werden, sagte sie, dass die Betreuung von Kindern eine gesamtgesellschaftliche Aufgabe sei. »Praktische Hilfe würde ich nie professionalisieren. Unsere Freiwilligen sagen, dass sie das gern machen, als Pflicht der Bürgergesellschaft. Wir sollten Kinder als Schatz der Gesellschaft begreifen.« Du und dein Kind seid Teil dieses Schatzes. Und gerade brauchst du ein Netz, das dich trägt.

Es ist Geschmacksache, ob du lieber ein Netzwerk aus professioneller oder persönlicher Hilfe möchtest. Finde den Mix, der dir guttut. Wenn es dich stresst, mit deinem Baby zu einem festen Termin vor die Tür zu gehen, dann findest du vielleicht in einem Online-Forum Gleichgesinnte. (Obwohl ich das grundsätzlich mit Vorsicht betrachten würde, denn du kannst nie wissen, wer die Person hinter dem Bildschirm wirklich ist. Deswegen empfehle ich dir dringend, dich in einem qualifizierten Rahmen zu bewegen. Adressen findest du im Serviceteil (Seite 179).)

Brauchst du den persönlichen Kontakt, dann schau, ob es in deiner Nähe ein Treffen für Schreibabyeltern gibt. Hier findest du Gleichgesinnte und wer weiß, was sich daraus entwickelt? Du kannst sicher sein, dass diese anderen Eltern sehr gut nachvollziehen können, wie es dir gerade geht. Auch der Kontakt zu Eltern, die Schreibabys bereits ins Leben begleitet haben, kann hilfreich sein. Sie wissen, dass es vorbeigeht, und kennen die Verzweiflung, die du gerade durchlebst.

All die Eltern, die ich für dieses Buch interviewt habe, habe ich gebeten, dir einen Tipp zu geben, wie du am besten durch diese Zeit kommst. Hier kommt eine Auswahl der guten Ideen und Gedanken, die dir die Zeit hoffentlich erleichtern können.

Elternstimmen

Svenja: »Liebe Schreibaby-Eltern: Diese Zeit ist furchtbar hart. Ihr seid nicht allein! Es ist kein Fehler, Hilfe anzunehmen oder sich mal Zeit für sich zu nehmen. Ich weiß, es ist oft schwer, das Schreien nicht persönlich zu nehmen. Man fühlt sich, als hätte man versagt. Aber das habt ihr nicht. Ihr leistet Großartiges – Tag für Tag. Euer Baby weiß das. Die Zeit mit einem Schreikind ist sehr intensiv. Aber als Familie schafft ihr das und ihr werdet gemeinsam dran wachsen.«

Alexander: »Eltern von Schreibabys sollten versuchen, so gut wie möglich zusammenzuarbeiten, sich gegenseitig zu entlasten, statt zu belasten. Und wenn sie Hilfe benötigen und sie angeboten wird, sollten sie sie auch annehmen.«

Conny: »Es ist nicht eure Schuld. Sucht euch Unterstützung, lasst alles Gesundheitliche abklären, redet offen und ehrlich mit Freunden und Familie. Wechselt euch ab, bleibt aber bei allem auch ein Paar und nehmt euch Zeit füreinander. Es wird besser. Hört nicht auf fremde Leute. Ihr seid ihnen keine Rechenschaft schuldig.«

Cathy: »Hört auf euer Bauchgefühl. Lasst euch nicht reinreden. Holt euch Hilfe, aber hört euch unbedingt verschiedene Meinungen an. Lasst euch nicht abwimmeln. Ermöglicht euch Auszeiten und die Möglichkeit, euch ›auszukotzen‹. Wenn es keine Möglichkeit gibt, das Schreien zu beenden, lasst euch an anderer Stelle helfen (putzen, kochen, einkaufen …).«

Tina: »Es liegt nicht an euch! Sucht euch Unterstützung. Schickt jemanden mit dem Kind spazieren oder lasst jemanden aufpassen und geht alleine raus. Atmet durch. Wechselt euch ab. Haltet zusammen. Haltet durch!«

Zusammenfassung

Reden hilft

Sprich mit deiner Familie oder Freunden über dein Baby und deine Belastungen.

Lass dir helfen

Bitte viele Menschen um je einen kleinen Gefallen. Das fällt oft leichter, als um eine größere Unterstützungsleistung zu bitten.

Professionelle Hilfe suchen

Achte bei den Hilfsangeboten auf Seriosität. Schau, ob der eingeschlagene Weg für dich passt. Es ist okay, eine Zusammenarbeit zu beenden, wenn du dich nicht gut beraten fühlst.

Bleib kritisch

Lass dich nicht unter Druck setzen. Es ist verführerisch, den Anweisungen von Therapeutinnen Folge zu leisten, weil sie Hilfe versprechen. Überprüfe kritisch, ob die Methode mit deinen Wertvorstellungen übereinstimmt.

Anderen geht es genauso

Such dir Eltern, denen es genauso geht. Viele Eltern entlastet es, wenn sie sehen, dass sie mit ihrer Situation nicht allein sind.

Nur Mut, du schaffst das!

Wie geht es dir gerade? Ein bisschen überwältigt? Ein bisschen erleichtert, dass du nicht allein bist? Das ist gut, denn genau das war mein Ziel.

Als ich mit dem schreienden Baby auf dem Arm stundenlang in der Wohnung auf- und abgelaufen bin, fühlte ich mich total allein. Ich habe alle Bücher gelesen, die es zum Thema Schreibaby gab, aber keins hat mir so richtig geholfen. Die Theorie, warum das Baby so viel weint und sich so schwer beruhigen lässt, war mir nie so wichtig. Mir war immer wichtiger zu wissen: Was kann ich tun? Wie halte ich das aus? Wie überstehe ich diesen einen Tag? Und wieso versteht mich niemand, wenn ich vor Erschöpfung weine und vor Wut über die Situation ins Kissen schreie? Gibt es wirklich niemanden außer mir, der zumindest mal kurz darüber nachdenkt, dass das Leben ohne ein immer weinendes Baby schöner wäre?

Wir alle lieben unsere Kinder und würden sie nicht weggeben wollen. Aber ich habe immer gedacht, ich sei allein mit diesen verzweifelten schwarzen Gedanken, die man eigentlich niemals aussprechen darf. Dabei ist genau das wichtig: Wir müssen darüber reden, damit wir nicht in unserer Überforderung danach handeln. Wenn du dich nicht traust, jemandem in deinem Umfeld zu erzählen, wie es dir mit deinem untröstlich weinenden Baby geht, dann such dir professionelle Unterstützung bei einer der vielen Schreibabysprechstunden, die es inzwischen gibt.

Das Leben mit Baby ist für alle Eltern überwältigend, weil sie sich in einer vollkommen neuen Situation befinden. Wir alle wissen: Babys weinen, weil sie nur so ihre Gefühle ausdrücken können. Wenn dich das Weinen überfordert, dann ist das okay. Es macht dich nicht zu einer schlechten Mutter. Auch dieses Buch wird vermutlich nicht sofort deine Sicht auf das Muttersein verändern. Aber ich wünsche dir, dass du erkennst: Eine gute Mutter bist du nicht dann, wenn dein Baby still ist, wenn du alle seine Bedürfnisse sofort befriedigst. Eine gute Mutter bist du dann, wenn du auch deine eigenen Bedürfnisse nicht vergisst.

Natürlich sollst du dich um dein Baby kümmern, es mit Liebe, Nähe und Nahrung versorgen und ihm signalisieren, dass du da bist, dass ihr zusammen durch diese Zeit kommt. Aber vergiss dich dabei nicht. Du bist wichtig. Denk an das, was Dr. Susanne Hommel und der Kinderarzt und Psychoanalytiker Donald Winnicott als »good enough mother« (Seite 92) bezeichnet haben. Sei nicht perfekt, sondern gut genug. Das ist es, was dir und deinem Baby am besten durch diese herausfordernde Zeit hilft.

Du darfst es unfair finden, dass dein Baby im Vergleich zu anderen anspruchsvoller ist. So geht es mir manchmal heute noch. Du darfst all die Ratschläge, die andere Menschen dir geben, unsinnig finden. Ich hoffe, dass du in meinem Buch trotzdem genug Anregungen gefunden hast, die dir die nächste Zeit erleichtern. Wie schön wäre es, wenn du statt Vorwürfen und genervten Blicken Hilfsangebote und ein paar freundliche Worte bekämst!

Ich wünsche dir, dass du das sprichwörtliche Dorf um dich hast, das dich mit Unterstützung und Liebe durch diese aufreibende Zeit begleitet. Auch wenn ich weiß, dass es bei dir vermutlich nicht so ist, dass du stattdessen allein oder mit deinem Partner oder deiner Partnerin deinen Alltag mit dem untröstlich weinenden Baby meisterst. Es wird viele Tage geben, an denen du verzweifelst, an denen du glaubst, dass du nicht mehr kannst. Denk an dich, mach Pausen. Du sollst dein Kind nicht dauerhaft allein lassen, aber im akuten Erschöpfungsfall ist es immer besser, dein Baby kurz allein an einem sicheren Ort weinen zu lassen, als ihm Gewalt anzutun.

> *Deine Liebe und Zuwendung ist für dein Baby unglaublich wertvoll – und zwar nicht nur jetzt, sondern auch für sein ganzes weiteres Leben.*
>
> Andrea Zschocher, Autorin

Das, was du momentan leistest, ist unglaublich großartig. Es mag dir nicht so vorkommen, aber du legst mit deiner Liebe, deiner Fürsorge, deiner Nähe und deinem Da-Sein den Grundstein dafür, dass dein Baby voller Vertrauen, Zuversicht und Liebe in die Welt gehen wird. Weil es durch deine Zuwendung erfahren hat, dass da immer jemand ist, auf den es zählen kann. Du legst mit deinem Da-Sein den Grundstein für eine tiefe Bindungserfahrung, die dein Kind durch das Leben tragen wird. Es weiß, dass es immer auf dich zählen kann, denn du warst da, als es untröstlich weinte. Du hast dein Baby gehalten, getragen, mit ihm gekuschelt. Das prägt sich ein, bei dir, aber auch bei deinem Nachwuchs. Du machst das alles, so gut du kannst, und das ist ganz wunderbar.

Service

Adressen & Kontakte

EXPERTINNEN, DIE IN DIESEM BUCH ZU WORT KOMMEN

Jeannine Ernst, Heilpraktikerin für Psychotherapie
Tel. 0178 8021162
Mail: mail@jeannine-ernst.de
Web: www.jeannine-ernst.de

Anja Hable
SchreiBaby-Ambulanz Kreuzberg/Friedrichshain
Lausitzerstr. 8
10999 Berlin
Tel. 030 61 62 99 82
Web: www.anja-hable.de/schreibaby-ambulanz

Hebammenteam Erdmutter in Berlin
Tel. 0157 35 25 75 12
Web: www.facebook.com/ErdmutterBerlin/

Dr. Susanne Hommel
Ph. D., Diplom Psychologin, Analytische Kinder- und Jugendlichen-psychotherapeutin und Analytische Eltern-Säuglings/Kleinkind-Psychotherapeutin

SchreibabySprechstunde Hamburg. Eine Kooperation der Praxis Dr. Susanne Hommel mit der wellcome gGmbH, gefördert von der Behörde für Arbeit, Gesundheit, Soziales, Familie und Integration.
Sophienallee 24
20257 Hamburg
Tel. 040 4321 9550
www.schreibabysprechstunde-hamburg.de.

Susann Siegert, Physiotherapeutin in Berlin
Mail: suse.osteo@gmail.com

Rose Volz-Schmidt
Gründerin der wellcome gGmbH
Web: www.wellcome-online.de
Hier kannst du nach Hilfsangeboten in deiner Region suchen.

HILFE & UNTERSTÜTZUNG

Neben den oben aufgeführten Kontakten zu den Expertinnen, die natürlich mit Rat und Tat zur Seite stehen, gibt es einige weitere Angebote. Ich erwähne hier explizit nur die Hilfen, über die ich eine Aussage treffen kann, es gibt darüber hinaus selbstverständlich viele weitere Angebote.

Nummer gegen Kummer: 0800 111 0 550
Onlineberatung: www.nummergegenkummer.de/
Onlineberatung der Bundeskonferenz für Erziehungsberatung e.V.: www.bke.de/
Nationales Zentrum Frühe Hilfen: www.fruehehilfen.de/

Literaturempfehlungen

Amber Hatch: Achtsam Eltern sein. Für ein gelassenes und glückliches Familienleben. TRIAS, 2018.

Evelin Kirkilionis: Ein Baby will getragen sein. Alles über geeignete Tragehilfen und die Vorteile des Tragens. Kösel, 2013.

Fritz Jansen, Uta Streit (Hrsg.): Fähig zum Körperkontakt. Körperkontakt und Körperkontaktstörungen – Grundlagen und Therapie – Babys, Kinder & Erwachsene – IntraActPlus-Konzept. Springer, 2015.

Susanne Mierau: Mutter sein. Von der Last eines Ideals und dem Glück des eigenen Wegs. Beltz, 2019.

Tatje Bartig-Prang: Bindung macht stark. Attachment Parenting ganz entspannt im Alltag leben. TRIAS, 2018.

Liebe Leserin, lieber Leser,

hat Ihnen dieses Buch weitergeholfen? Für Anregungen, Kritik, aber auch für Lob sind wir offen. So können wir in Zukunft noch besser auf Ihre Wünsche eingehen. Schreiben Sie uns, denn Ihre Meinung zählt!

Ihr TRIAS Verlag

Kontakt:
kundenservice.thieme.de

Lektorat TRIAS Verlag
Postfach 30 05 04
70445 Stuttgart

 Besuchen Sie uns auf facebook!
www.facebook.com/trias.tut.mir.gut

 Besuchen Sie uns auf facebook!
www.facebook.com/mama.mag.trias

 Folgen Sie uns auf Instagram!
www.instagram.com/trias_verlag

 Lassen Sie sich inspirieren!
www.pinterest.com/triasverlag

www.trias-verlag.de

Danksagung

Ich bedanke mich bei Jeannine Ernst, Anja Hable, Jessica und Lina vom Hebammenteam Erdmutter, Dr. Susanne Hommel, Elaine Schöning, Susann Siegert, Rose Volz-Schmidt und Dr. Sabine Nantke und ihrem Team vom SPZ Vivantes Klinikum am Friedrichshain. Danke für Ihre Zeit, Ihr Wissen und Ihre Arbeit für die Familien. Es war sehr bereichernd, Ihnen bei Ihrer Arbeit zuzuschauen. Dass ich bei Ihnen hospitieren durfte, war für dieses Buch unendlich wertvoll. Mögen Sie weiterhin vielen Familien bestärkend zur Seite stehen, um viel weinende Babys und ihre Eltern vor dem Zusammenbruch zu bewahren.

Danke an all die Eltern, die mir für dieses Buch aus ihrem Leben mit viel weinenden Babys berichtet haben. Ich danke euch für eure Offenheit und eure Zeit. Durch euch wissen andere Eltern hoffentlich, dass sie nicht allein sind.

Ich danke meiner wundervollen Hebamme Ilka für das immer offene Ohr und fürs Dinge beim Namen nennen, für das gemeinsame Lachen und für die treffenden Beschreibungen von Situationen. Wie schön, dass du immer noch ein Teil unseres Lebens bist.

Danke, Kristin, für spontane Abenddates, für Blumen und Nachrichten, wenn ich nicht mal mehr die Kraft für Antworten hatte. Ich danke meinen Freundinnen und Freunden fürs Zuhören, für Kinderwagen- und Tragetuchrunden, fürs Nachfragen und Gefühle aushalten. Es freut mich so sehr, dass wir schon seit so vielen Jahren unsere Leben miteinander teilen.

Für »Das nervt jetzt aber« und dafür, dass du trotzdem immer an meiner Seite bist, danke ich dir, Alex. Wie gut tut es zu wissen, dass wir zusammen alles schaffen. Danke, dass du mir zumindest die ganz absurden Vorwürfe in dieser Zeit nie übelgenommen hast. Unser Leben ist auch jetzt noch laut und turbulent und ich bin froh darum. Es ist so bestärkend zu wissen, dass da jemand ist, der immer an mich glaubt. Danke, dass du du bist, damit ich ich sein kann.

Mein Dank geht auch an euch, ihr kleinen großen Lieben meines Lebens. Ihr drei seid der Grund für dieses Buch. Ihr seid auch der Grund dafür, dass mein Leben durch euch lustiger, chaotischer und schöner geworden ist. Wir haben diese belastende Zeit zusammen durchgestanden und zumindest ihr habt nie daran gezweifelt, dass ich die beste Mutter für euch bin. Ich habe sicher nicht alles richtig gemacht, aber offensichtlich war ich gut genug. Wenn ich sehe, wie ihr auch jetzt noch sofort beieinander seid, wenn einer von euch mal weint, dann habe ich die Hoffnung, dass euch die Begleitung in den ersten Monaten ein Urvertrauen für das Leben mitgegeben hat. Hoffentlich könnt ihr euch das für alle Zeit bewahren. Nicht jeder Tag mit euch war und ist einfach. Aber jeder Tag mit euch ist schön!

Stichwortverzeichnis

3er-Regel 17
12-Wochen-Marke 28

ADHS 100
Allergien 25

Beruhigen 94
Besuch 117
Blähungen 20

depressive Verstimmungen 44
Dreimonatskoliken 21

Einsamkeit 73, 147, 151

Frühgeburt 27, 38
Frustrationstoleranz 101

Geburt 33
Geschwister 69

High Need Baby 12
Humor 112

Kaiserschnitt 40
Körperkontakt 49, 53, 59

Massage 64, 66
Moro-Reflex 27

Nahrungsmittel-
 unverträglichkeit 24

Osteopathie 35

Paar-Zeit 120
Physiotherapie 36, 56

Regulationsstörungen 25
reizarmes Zusammenleben 93
reizarme Umgebung 87

Schlafen 79
Schütteln 109, 135

Tragen 52, 55, 59

Überforderung 130, 134
Übermüdung 80, 82
Unterstützung 110, 141, 159, 160, 164, 168, 171

Verzweiflung 138

wellcome 167
Wessel-Regel 17
Wut 144

Bibliografische Information der Deutschen Nationalbibliothek
Die Deutsche Nationalbibliothek verzeichnet diese Publikation in der Deutschen Nationalbibliografie; detaillierte bibliografische Daten sind im Internet über http://dnb.d-nb.de abrufbar.

Programmplanung: Katja Liese
Projektmanagement: Sabine Ilg
Redaktion: Ursula Brunn-Steiner, Vaihingen/Enz
Bildredaktion: Christoph Frick

Umschlaggestaltung und Layout:
CYCLUS · Visuelle Kommunikation, Stuttgart

Bildnachweis:
Umschlagfoto: Simone Schneider, Stuttgart
Autorinnenfoto: Fräulein Fotograf
Zeichnungen: Grafikbüro Schaaf, Bellheim

1. Auflage 2021

© 2021. Thieme. All rights reserved.
TRIAS Verlag in Georg Thieme Verlag KG
Rüdigerstraße 14, 70469 Stuttgart, Germany
www.trias-verlag.de

Printed in Germany

Satz: Fotosatz Buck, Kumhausen
Gesetzt in Adobe Indesign CS6
Druck: AZ Druck und Datentechnik GmbH, Kempten

Gedruckt auf chlorfrei gebleichtem Papier

ISBN 978-3-432-11265-7   1 2 3 4 5 6

Auch erhältlich als E-Book:
eISBN (ePub) 978-3-432-11266-4

Wichtiger Hinweis: Wie jede Wissenschaft ist die Medizin ständigen Entwicklungen unterworfen. Forschung und klinische Erfahrung erweitern unsere Erkenntnisse. Ganz besonders gilt das für die Behandlung und die medikamentöse Therapie. Bei allen in diesem Werk erwähnten Dosierungen oder Applikationen, bei Rezepten und Übungsanleitungen, bei Empfehlungen und Tipps dürfen Sie darauf vertrauen: Autoren, Herausgeber und Verlag haben große Sorgfalt darauf verwandt, dass diese Angaben dem Wissensstand bei Fertigstellung des Werkes entsprechen. Rezepte werden gekocht und ausprobiert. Übungen und Übungsreihen haben sich in der Praxis erfolgreich bewährt.

Eine Garantie kann jedoch nicht übernommen werden. Eine Haftung des Autors, des Verlags oder seiner Beauftragten für Personen-, Sach- oder Vermögensschäden ist ausgeschlossen.

Geschützte Warennamen (Warenzeichen®) werden nicht immer besonders kenntlich gemacht. Aus dem Fehlen eines solchen Hinweises kann also nicht geschlossen werden, dass es sich um einen freien Warennamen handelt.

Das Werk, einschließlich aller seiner Teile, ist urheberrechtlich geschützt. Jede Verwendung außerhalb der engen Grenzen des Urheberrechtsgesetzes ist ohne Zustimmung des Verlages unzulässig und strafbar. Das gilt insbesondere für Vervielfältigungen, Übersetzungen, Mikroverfilmungen oder die Einspeicherung und Verarbeitung in elektronischen Systemen.

Wo datenschutzrechtlich erforderlich, wurden die Namen und weitere Daten von Personen redaktionell verändert (Tarnnamen). Dies ist grundsätzlich der Fall bei Patienten, ihren Angehörigen und Freunden, z. T. auch bei weiteren Personen, die z. B. in die Behandlung von Patienten eingebunden sind.

Unterhaltsames Wissen – lebenswichtige Fakten

- Dieses Buch verlängert Ihr Leben
- Alles zu Aufbau, Funktion und Erkrankungen
- Lebergesundheit, Alarmsignale und moderne Therapien

Ein großartiges Leseerlebnis

Ansgar W. Lohse / Ulf C. Goettges
Das Schweigen der Leber
16,99 € [D] / 17,50 € [A]
ISBN 978-3-432-11271-8
Auch als E-Book

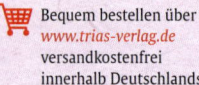 Bequem bestellen über
www.trias-verlag.de
versandkostenfrei
innerhalb Deutschlands

TRIAS

Mehr Schwung – mehr Gelassenheit

Dr. Libby Weaver
Dein Schönheitsgeheimnis
€ 19,99 [D] / € 20,60 [A]
ISBN 978-3-432-10959-6

Dr. Libby Weaver
Energiegeladen statt dauermüde
€ 16,99 [D] / € 17,50 [A]
ISBN 978-3-432-10430-0

Libby Weaver
Was soll ich eigentlich essen?
€ 19,99 [D] / € 20,60 [A]
ISBN 978-3-432-10755-4

Dr. Libby Weaver
Das Rushing Woman Syndrom
€ 17,99 [D] / € 18,50 [A]
ISBN 978-3-432-11277-0

Alle Titel auch als E-Book

 Bequem bestellen über
www.trias-verlag.de
versandkostenfrei
innerhalb Deutschlands

Foto: © Ina Zabel, TRIAS Verlag

Lieblingsrezepte für die ganze Familie

Edith Gätgen
Das geniale Familienkochbuch
€ 19,99 [D] / € 20,60 [A]
ISBN 978-3-432-10308-2

Edith Gätgen
Das geniale Familienkochbuch vegetarisch
€ 19,99 [D] / € 20,60 [A]
ISBN 978-3-432-11089-9

Nathalie Klüver
Das Familienkochbuch für nicht perfekte Mütter
€ 14,99 [D] / € 15,50 [A]
ISBN 978-3-432-11136-0

Steffi Sinzenich
Die einfachsten Familiengerichte aller Zeiten
€ 12,99 [D] / € 13,40 [A]
ISBN 978-3-432-11016-5

 Bequem bestellen über
www.trias-verlag.de
versandkostenfrei
innerhalb Deutschlands

TRIAS